DIE BURGER BIBEL

ALEXANDRA KROKHA
ALEXANDER MELENDEZ
MARCEL RISKER

MIT FOTOGRAFIEN VON
EMIL LEVY Z. SCHRAMM

Copyright 2016:
© Börsenmedien AG, Kulmbach

3. Auflage 2023

Rezepte: Alexandra Krokha, Alexander Melendez, Marcel Risker
Fotos: Emil Levy Z. Schramm

Gestaltung, Satz und Herstellung: Johanna Wack
Lektorat: Claus Rosenkranz
Korrektorat: Karla Seedorf, Egbert Neumüller
Druck: Florjančič Tisk d.o.o., Slowenien

ISBN 978-3-86470-348-5

Alle Rechte der Verbreitung, auch die des auszugsweisen Nachdrucks, der fotomechanischen Wiedergabe und der Verwertung durch Datenbanken oder ähnliche Einrichtungen vorbehalten.

Bibliografische Information der Deutschen Nationalbibliothek:
Die Deutsche Nationalbibliothek verzeichnet diese Publikation in der Deutschen Nationalbibliografie; detaillierte bibliografische Daten sind im Internet über <http://dnb.d-nb.de> abrufbar.

BÖRSEN MEDIEN
AKTIENGESELLSCHAFT

Postfach 1449 • 95305 Kulmbach
Tel: +49 9221 9051-0 • Fax: +49 9221 9051-4444
E-Mail: info@plassen-buchverlage.de
www.books4success.de
www.facebook.com/plassenverlag
www.instagram.com/plassen_buchverlage

INHALT

VORWORT VON REINER CALMUND 10

DIE AUTOREN 14

1. DIE GESCHICHTE DES BURGERS 20
   Das Alte Testament 22
   Das Neue Testament 28

2. BURGER-LEXIKON – WAS IST WAS? 38
   Pattys / Fleischkunde 40
   Das Bun 58
   Soßen 70
   Toppings 82

3. BURGER-REZEPTE 92

4. BURGER-BEILAGEN 142
   Die tolle Knolle 144
   Der Pommes-Guide 156
   Dips 164
   Weitere Beilagen 168

5. DO IT YOURSELF 174
   Werkzeugübersicht 176
   Wolfen 180
   Grill- und Pfannenkunde 184

6. PROMIS VERRATEN IHRE BURGERLICHEN VORLIEBEN 188

7. DEUTSCHLANDS 20 BESTE BURGER-LÄDEN 194

MITWIRKENDE UND DANKSAGUNGEN 202

REZEPT-REGISTER 206

DU, BURGER-FREUND,

HÄLTST DIE ERSTE HEILIGE BURGER-BIBEL IN DEN HÄNDEN UND FÜR EINE BURGER-BIBEL GEHÖRT ES SICH AUCH, WASCHECHTE GEBOTE ZU HABEN.
BEFOLGE DIE BURGER-CITY-GUIDE-GEBOTE,
BETE UND SEI EIN VORBILDLICHER FETTIGER JÜNGER.
TRAGE SIE IN DIE WEITE UNWISSENDE WELT HINAUS
UND LOBPREISE STETS DEN BURGER.

BURGER UNSER

BURGER UNSER
AUF DEM TELLER

GEHEILIGT WERDE DEIN FLEISCH

DEIN GESCHMACK KOMME

DEIN GENUSS GESCHEHE

WIE AUF DER KARTE
SO AUCH IM MAGEN

UNSEREN TÄGLICHEN BURGER
GIB UNS HEUTE

UND VERGIB UNS UNSEREN
HUNGER

WIE AUCH WIR VERGEBEN
UNSEREN HUNGRIGEN

UND FÜHRE UNS NICHT
IN VERSUCHUNG

SONDERN ERLÖSE UNS
VON SCHLECHTEN BURGERN

DENN DEIN IST DAS FLEISCH

UND DIE SOSSE
UND DIE SAFTIGKEIT

IN UNWIDERSTEHLICHKEIT

MAMPF

DIE BURGER BIBEL

VORWORT

VON REINER CALMUND

VORWORT

WENN ICH IN SACHEN BURGER EINEN BOGEN SPANNEN MÜSSTE, DANN WÄRE ES EIN SEHR WEITER BOGEN, EINER, DER SICH ÜBER JAHRZEHNTE ERSTRECKT.

An seinem Anfang sehe ich den jungen, noch viel schlankeren Reiner Calmund, in der Kölner Innenstadt als freier Mitarbeiter bei der „Kölnischen Rundschau" beschäftigt und schon damals nach dem Motto lebend: „Wer viel arbeitet, der soll auch viel essen." In der Nähe meiner Straßenbahnhaltestelle am Kölner Rudolfplatz gab es ein Restaurant, das für Typen wie mich gemacht schien: immer hungrig, aber nie Zeit. Es hieß „Wimpy". Namensgeber war die verfressene Comicfigur „J. Wellington Wimpy" aus „Popeye", deren Leibgericht Hamburger waren, während sich der Matrose mit Spinat stärkte. Dreimal darf geraten werden, wen ich besser fand. Im „Wimpy" also gab es die ersten Burger von Köln und es wurde schnell eines meiner Stammlokale. Das war in den 1970er-Jahren.

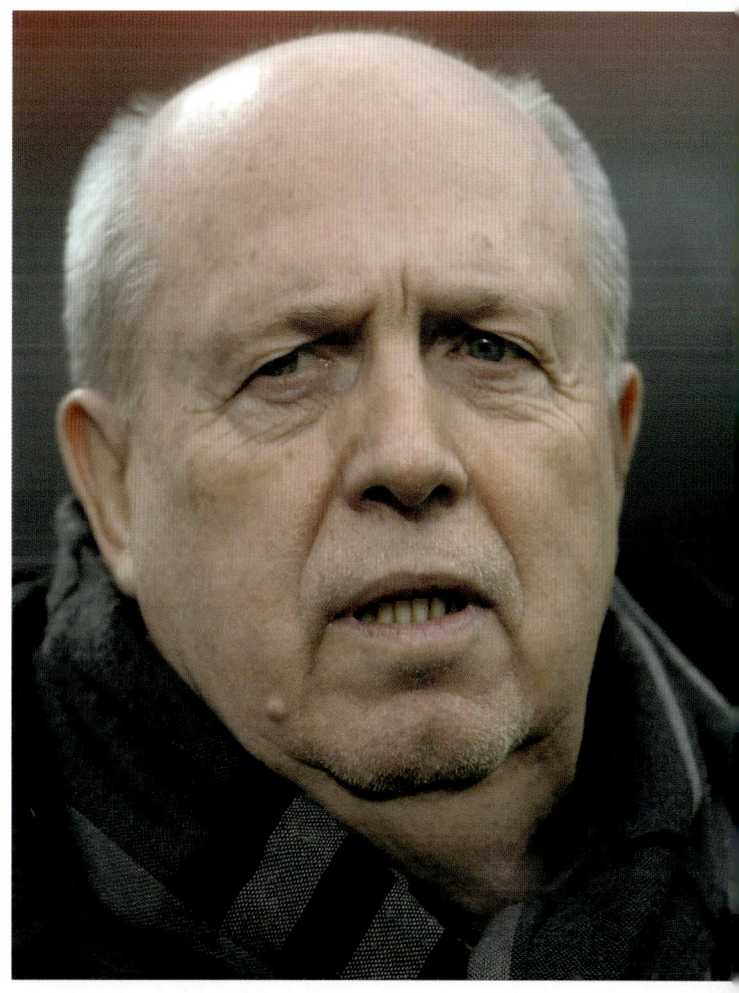

Erst ein paar Monate ist es her, da aß ich zwei Burger, die waren so lecker, dass es mir fast die Schuhe auszog. Claudia Effenberg kochte bei „Grill den Henssler" gegen Steffen Henssler und die beiden zauberten Burger mit Fleisch vom Wagyu-Rind aus der Pfanne, dass es mir fast die Tränen in die Augen trieb vor Begeisterung.

Burger ist nicht gleich Burger. Heute soll es ja sogar Veggie-Burger geben. Ich gebe zu: Für solche Experimente bin ich zu alt. Während meiner zahlreichen USA-Aufenthalte habe ich eine Menge von den Dingern verputzt, es waren richtige Leckerchen dabei, leider auch ein paar pappige Exemplare, die den Namen nicht hätten tragen dürfen. Diese Kreationen der schnellen Küche bescherten mir einmal das bei Weitem preiswerteste Lunch während eines Trainingslagers. Spieler, Trainer, Staff und Management – da kommen schnell 30 Leute zusammen und dementsprechende Kosten, wenn die alle abgefüttert werden wollen. Ob wir damals auf unserer Tour zwischen Tampa und Orlando kaum Zeit hatten, kein anderes Restaurant fanden oder einfach Bock auf Burger hatten, weiß ich nicht mehr. Was ich weiß: Die Brummer schmeckten sensationell, alle waren satt und ich löhnte für 30 Mann knapp 350 Dollar – so billig bin ich nie mehr weggekommen.

Die Geschichte des Burgers nachzuzeichnen halte ich für eine tolle Idee. Er ist und bleibt ein Essen fürs Volk. Und das ist ganz sicher nicht auf die USA beschränkt. Es sind verblüffende und interessante Geschichten dabei, Storys, die selbst mich als Intimkenner überrascht haben. Ich bin übrigens bis heute ein Fan geblieben, ganz oben auf meiner Liste steht der „kölsche Burger" – die gute alte Frikadelle. In meiner rheinischen Heimat stand sie früher wöchentlich auf dem Speiseplan, mit Brot dazu (musste nicht sein, war ja schon genug drin) und viel Senf. Wenn ich mit Kumpels Fußball gucke, ist mir eine Frikadelle immer noch tausendmal lieber als Fingerfood oder Flying Buffet.

Deshalb bleibe ich dabei: Die Beliebtheit des Burgers ist größer, als sein Ruf dies annehmen lässt. Deshalb bin ich froh, dass hier auch mit Vorurteilen aufgeräumt wird. Denn glauben Sie mir, liebe Leser: Was sich über fast fünf Jahrzehnte auf meinem Speiseplan hält, das kann nicht verkehrt sein.

Reiner Calmund

DAS ERSTE GEBOT

ICH BIN DIE EINZIG WAHRE FLEISCHSORTE FÜR DEINEN BURGER – BEEF. EIGENTLICH SOLLST DU KEINE ANDEREN PATTYS HABEN NEBEN MIR.

DIE AUTOREN

DIE AUTOREN 17

WARUM KÖNNT IHR UNS VERTRAUEN?

BCG – das steht nicht etwa für Boston Consulting Group, sondern für *Burger City Guide*. Aus dem Streben nach dem perfekten Burger heraus hat das verlobte Pärchen Alexandra Krokha und Alexander Melendez – bekannt für ihren Food-Fanatismus-Tick, der schon 2010 in ein pressewirksames Sushi-Wettessen mündete – die Burger-City-Guide-Community im Jahre 2013 gegründet. An einem verkaterten Sonntag, an dem es Tradition war, eigentlich Sushi zu bestellen, wollten beide etwas Neues ausprobieren und bekamen von einem guten Freund den Tipp, Burger zu bestellen. In der Nähe gab es einen einzigen Burger-Laden, der gute Burger lieferte. Und „Bobsek Burger" war so gut, dass die beiden es gleich auf Facebook teilen mussten. Der Post kam so gut an, dass Alexander darauf bestand, eine Facebook-Gruppe zu eröffnen, in der Fast Food diskutiert werden konnte. Das Ziel war von Anfang an, den besten Burger der Welt zu finden.

Durch ihr großes Berliner Netzwerk an Freunden und Bekannten wuchs die Gruppe in Windeseile auf mehrere Hundert Mitglieder an. Rezensionen von Burger-Läden, Ideen und Rezepte wurden mehrmals täglich mit akribischer Sorgfalt gepostet. Befeuert durch den aufkommenden Foodtrend steigerte sich das Mitgliederwachstum exponentiell.

Auch Marcel Risker, Mitautor dieses Buches und langjähriger Freund des Pärchens mit einem Faible für gutes Essen, wurde auf die Gruppe aufmerksam und sah sich von Anfang an als Teil der Mission, die besten Burger ausfindig zu machen.

Nachdem Anfang 2014 die Schwelle von 1.000 Mitgliedern durchbrochen wurde, mussten die Gründer langsam anfangen, ihr Hobby zu professionalisieren, denn die Fragen nach den besten Burger-Läden in diversen Städten, vor allem in Berlin, fingen an sich zu wiederholen. So entstand die Idee, die Mitgliederinformationen zu visualisieren und leichter verfügbar zu machen – www.burgercityguide.com war geboren.

Doch nicht nur der Onlinebereich war extrem gefragt. Um die Burger-Sympathisanten zusammenzubringen, fingen die Gründer an, Workshops und Feiern zu veranstalten, die zum vollen Erfolg wurden. Es wurde gemeinschaftlich gekocht, gegessen und über die richtige Dicke eines Pattys, die richtige Brotart für die Buns und die No-Gos der Burger-Beläge diskutiert.

Auch Burger-Läden wurden auf BCG aufmerksam, da alleine aufgrund von User-Rezensionen zahlreiche neue Kunden in die empfohlenen

Restaurants gepilgert sind. Viele Berliner Burger-Verkäufer gewähren deshalb auch Rabatte exklusiv für BCG-Kunden.

So entstand eine Bewegung, der sich mittlerweile über 8.000 Mitglieder auf Facebook angeschlossen haben. Diese sorgen für phänomenale Unterstützung durch ausgezeichnete Burger-Köche, tolle Sponsoringpartner und die BCG-Community. Auch Gastautor Thomas Müller, Gründer von www.fleischbotschafter.de, wurde so auf uns aufmerksam und bot sofort seine Mithilfe bei diesem Buch an. Er ist für den Bereich Fleisch zuständig.

Und als Käufer dieses Buches bist du prädestiniert dafür, ebenfalls beizutreten – denn wir sind keine Köche, Ernährungswissenschaftler oder Fooddesigner, wir lieben einfach nur Burger, so wie du.

Mitglied werden kannst du hier: facebook.com/burgercityguide

So kannst du am besten für dich selbst entscheiden, ob du uns vertrauen kannst oder nicht.

WHO'S WHO?

ALEXANDRA KROKHA

Sie verleiht BCG Herz und Seele. Ihre Aufopferung für das Burgertum ist einzigartig. Egal ob morgens, mittags oder abends – für Alexandra ist jede Tageszeit Burger-Zeit. Ihre Haupttätigkeit als Redaktionsassistentin einer großen Zeitung belegt nicht nur ihr Organisationstalent, sondern auch ihren Hang zu guten Texten, den sie mit diesem Buch endlich ausleben darf.

Wenn nicht Burger, dann: Trüffelpasta.

ALEXANDER MELENDEZ

Der gebürtige Peruaner ist eigentlich Clubmanager im BRICKS Berlin und sorgt bei BCG für die Ausrichtung der fettigen Veranstaltungen. Trotz seiner 70 Kilogramm Kampfgewicht schafft Alexander ohne größere Probleme elf Cheeseburger bei McDonald's.

Wenn nicht Burger, dann: Steak.

MARCEL RISKER

Der studierte BWLer legte sich schon während seines Studiums auf Onlinemarketing fest. Er hilft bei der BCG-Verbreitung online sowie bei der strategischen Planung. Seitdem er Teil des Teams ist, hat er

bereits 15 Kilogramm zugenommen und ist auch noch stolz darauf.
Wenn nicht Burger, dann: Sushi.

EMIL LEVY Z. SCHRAMM
Da das Fotografieren die einzige Sache ist, die Emil dem Essen vorzieht, war es nur logisch, als Foodfotograf zu arbeiten. Burger sind für ihn in Berlin Grundnahrungsmittel.
Wenn nicht Burger, dann: Fasten.

THOMAS MÜLLER
Hinter dem Foodblog www.fleischbotschafter.de steckt der Fleischfan Thomas Müller. Seit mehreren Jahren ist Fleisch sein Lieblingsthema, er steht deshalb im Austausch mit Züchtern, Metzgern und Köchen auf der ganzen Welt. Dabei steht nachhaltiger und bewusster Konsum von gutem Fleisch im Vordergrund. Ein besonderes Augenmerk legt Thomas dabei auf die Themen Nose-to-Tail und Farm-to-Fork.
Wenn nicht Burger, dann: Steak.

DIE GESCHICHTE DES BURGERS

DIE GESCHICHTE DES BURGERS 21

DIE ENTSTEHUNGSTHEORIEN – WIE DER BURGER ZUM BURGER WURDE ODER DIE ANFÄNGE EINER FLEISCHBRÖTCHEN-EVOLUTION. WEM VERDANKEN WIR DENN NUN DAS HEILIGE FLEISCHBRÖTCHEN? UNZÄHLIGE GESCHICHTEN GIBT ES ÜBER DIE URSPRÜNGE DES UR-BURGERS. IM FOLGENDEN HABEN WIR EINIGE DER THEORIEN NIEDERGESCHRIEBEN.

1. THEORIE: DAS STEAK TATAR

Die Wurzeln unseres Fleischbrötchens reichen bis in das 13. Jahrhundert zurück in die Zeit, als Dschingis Khan in den asiatischen Steppen in den Krieg zog. Für aufwendige Mahlzeiten blieb keine Zeit, da die Krieger teilweise mehrere Tage ohne Pause auf dem Pferd saßen. Also mussten die Mongolen Einfallsreichtum beweisen: Rohes Fleisch vom Pferd, der Ziege und sonstigem Vieh wurde zu Pattys geformt und unter die Pferdesättel gelegt, sodass sich das Fleisch erwärmte. Das „Steak Tatar" war geboren.

2. THEORIE: HAMBURGER CHARLIE

Ein pfiffiger Junge namens Charlie Nagreen verkaufte im 19. Jahrhundert Fleischbällchen auf dem Markt. Seine Kunden liebten den Snack, beschwerten sich aber stets über die fettigen Hände nach dem Verzehr. Eine Lösung musste her: Er packte die saftigen Fleischbällchen zwischen Brote, machte damit seine Kunden glücklich und bekam den Spitznamen „Hamburger Charlie" verpasst.

3. THEORIE: FLETCHER DAVIS

Fletcher Davis soll auf der Weltausstellung im Jahr 1904 in St. Louis Ur-Burger, bestehend aus zwei Scheiben Brot, einem Hacksteak, Senf, Gurken und Zwiebeln verkauft haben. Der 25-Jährige habe den Snack aus dem Wagen seines Vaters heraus verkauft und sehr positive Resonanz von Journalisten erhalten. Nach der Weltausstellung kam der Ur-Burger zu seinem Namen „Hamburger". Die Amerikaner sollen ihn nach der norddeutschen Stadt benannt haben, da gutes Rindfleisch aus Deutschland stammte und die Hamburger dafür bekannt waren, Unmengen an Hackfleisch zu essen. Selbst rohes Fleisch wurde verspeist – was den Amerikanern „barbarisch" vorkam.

4. THEORIE: LOUIS' LUNCH

Auf diesen Ur-Burger kommt bis heute kein Ketchup drauf: In Amerikas berühmtester Imbissbude „Louis' Lunch" in New Haven ist man der Meinung, dass an diesem Ort der Burger geboren wurde. Und hier kommt ein Deutscher ins Spiel – der Auswanderer Louis Lassen soll um 1900 einem Gast den ersten Burger serviert haben. Der Gast hatte es eilig und bekam von Louis Lassen die nicht verkauften Steaks, die zu einer Frikadelle verarbeitet wurden, zwischen zwei Toastscheiben. Der Kunde war begeistert und zufrieden. Den Imbiss „Louis' Lunch" gibt es auch heute noch. Er wird vom Urgroßenkel Jess Lassen geführt, seine Burger werden bis heute immer noch ohne Ketchup serviert – denn den gab es ja auch damals nicht.

5. THEORIE: DEUTSCHER HAMBURGER – ODER DOCH NICHT?

Eine andere Theorie besagt, dass der Ur-Burger in Hamburg erfunden wurde. Aber damit ist nicht die Stadt in Norddeutschland gemeint, sondern die Stadt Hamburg, die im 19. Jahrhundert von deutschen Auswanderern im Bundesstaat New York gegründet worden ist. Die

Einwohner sind so fest überzeugt davon, dass der Hamburger dort erfunden wurde, dass sie in aller Welt mit dem folgenden Spruch werben: „New Yorks Geschenk an die Küchen der Welt – der Hamburger". Die Geschwister Charles und Frank Menches hielten mit ihrem Foodtruck in dieser Stadt, um ihren berühmten Snack „Hot Pork", heißen Schweinebraten, zu verkaufen. Doch dann ging ihnen das Schweinefleisch aus und in der Not überlegten sich die Brüder, Rindfleisch zu servieren. Die neue Kreation wurde nach der Stadt benannt.

Es gibt noch viele andere Menschen, die überzeugt sind, sie seien die Erfinder des Burgers. Tatsache ist, dass wir auf die Frage, wer es denn nun tatsächlich war, nie eine definitive Antwort bekommen werden.

DER FAST-FOOD-BOOM

FAST FOOD: DEFINITION

Fast Food heißt übersetzt „schnelles Essen". Die Speisen werden rasch zubereitet und sind auch für den schnellen Verzehr gedacht. Auf traditionelle Essensrituale wird verzichtet. Fast Food findet man nicht nur in Imbissbuden, sondern mittlerweile auch in Supermärkten in Form von Fertiggerichten, Tiefkühlware, abgepackten Sandwiches, Cheeseburgern aus der Dose, Eintopfkonserven und Co. Typische Gerichte im Straßenverkauf sind Bratwürste, Döner Kebabs, Pommes frites und Pizzas. Aber auch gelieferte Speisen wie Sushi, Chinesisch, Indisch und so weiter zählen zum Fast Food.
Fast-Food-Anbieter verkaufen meist immer dieselbe Speise für wenig Geld. Die Zubereitung erfolgt in der Regel mit einer Fritteuse, einer Mikrowelle oder einem Grill.

FAST-FOOD-BOOM

Archäologen haben in Griechenland Plätze ausgegraben, an denen nachweislich Essen zubereitet wurde. In der Antike gab es Versammlungsorte, an denen man schnell eine warme Mahlzeit bekommen konnte. Ein eigener Herd in der Wohnung war damals Mangelware. Das aus dem Russischen stammende Wort „Bystro", eingedeutscht „Bistro", bedeutet „schnell". So kamen die heutigen „Schnell"-Restaurants zu ihrem Namen.

Der für uns relevante, an die Burger-Kultur angelehnte Fast-Food-Begriff kam erstmals in den 1950er-Jahren auf. In den 1950ern sprießten die American Diners wie Pilze aus dem Boden und wurden zu Begegnungsstätten einer ganzen Nation. Gegessen wurde der Hamburger und getrunken der Milkshake im Menü. Nebenan tanzte Daisy mit ihrer Fönfrisur zu den neuesten Hits aus der Jukebox und Billy hing mit seiner Gang auf dem Parkplatz vor dem Diner ab und knabberte an seinem Cheeseburger. Der Hype, sein Essen schnell zu erhalten oder unterwegs zu verzehren, schwappte kurze Zeit später auch nach Deutschland über und prägte den Begriff „Fast Food" als Synonym für den American Way of Life. Die bequeme neue Esskultur hielt langsam Einzug im deutschsprachigen Raum und entwickelte sich dynamisch weiter.

HEUTE IST FAST FOOD BELIEBTER DENN JE. VON EINEM TERMIN ZUM ANDEREN: EIN CHEESEBURGER AUF DIE HAND ZWISCHENDURCH SÄTTIGT, DA KEINE ZEIT BLEIBT. VOR ALLEM BEI DEN JÜNGEREN IST EIN SCHNELLER SNACK SEHR BELIEBT. UND OBWOHL DIESER TREND ANHÄLT, WIRD EIN NEUER, GEGENLÄUFIGER TREND IMMER STÄRKER: SLOW FOOD. EINE REBELLION GEGEN FERTIGGERICHTE UND IMBISSBUDEN? IM KAPITEL „DAS NEUE TESTAMENT" GEHEN WIR AUF DIESE FRAGE WEITER EIN.

DAS ZWEITE GEBOT
ISS MICH MIT DER HAND. MISSBRAUCHE MICH NICHT MIT MESSER UND GABEL.

DIE ROLLE DES BURGERS IN DER POPKULTUR

McDONALD'S

In den 1940ern wurde das erste McDonald's-Schnellrestaurant von den Brüdern Richard und Maurice McDonald in Kalifornien eröffnet. Was bisher keiner außer McDonald's anbot, war die Selbstbedienung und eine einfache Art der Hamburger-Zubereitung. „Speedee Service System" nannten die Erfinder das innovative Konzept: einfache und immer wiederkehrende Fließband-Handgriffe, die es auch ungelernten Kräften ermöglichten, dort zu arbeiten. Das Restaurant gewann dank der gleichbleibenden Qualität und des kleinen Preises für gute Burger schnell an Beliebtheit. Die Brüder boten Ray Kroc, einem Franchisenehmer, die Möglichkeit, zu expandieren. Kroc gelang es, McDonald's in einem rasanten Tempo weltweit bekannt zu machen.

Die erste deutsche McDonald's-Filiale eröffnete am 4. Dezember 1971 in München. Drei Jahre später waren es schon 15 weitere deutsche Filialen und das „goldene M" erfreute sich auch hier großer Beliebtheit. Ein günstiges Restaurant für weniger begüterte Familien, ein Trend aus Amerika, ein Treffpunkt für Jugendliche und viele andere Aspekte machten den Burger sehr schnell zur sehr beliebten Speise.

WISSENSBITE

Walt Disney hatte in den 1960ern das Angebot erhalten, eines der unheimlich beliebten und erfolgreichen McDonald's-Restaurants in seinem damals noch nicht fertigen Disneyland zu bauen – und lehnte ab! Deswegen entschied sich Kroc, mit seinen nächsten Restaurants Kinder anzusprechen. Er registrierte die steigende Geburtenrate nach dem Zweiten Weltkrieg und witterte Potenzial. Kroc erfand das Maskottchen „Speedee", eine Figur mit Hamburger-Kopf, ein Vorfahre von Clown Ronald McDonald. Dieser wurde von einem anderen Franchisenehmer aus Washington erfunden und ließ „Speedee" schnell in Vergessenheit geraten.

BURGER KING

Der zweite Fast-Food-Gigant Burger King wurde 1954 in Miami gegründet. Das Konzept, Rindfleisch über offenem Feuer zu grillen und dazu große Pommes anzubieten, machte das Unternehmen zur direkten Konkurrenz von McDonald's. Über all die Jahre kam es regelmäßig zu Streitereien und Wettbewerben zwischen den Systemgastronomie-Giganten, die in öffentlichen Verspottungen des Konkurrenten in TV-Werbespots gipfelten.

BURGER IM WANDEL

Der Whopper und der Big Mac sind so gesehen die Ur-Burger. Eine viel zu lange Zeit wurden beide nicht vom Thron gestürzt. Doch die Zeiten beginnen sich zu ändern. Die beiden berühmtesten Systemgastronomie-Konzerne der Welt haben über einen sehr langen Zeitraum enorme Umsätze erzielt – bis sich der eine entschied, hygienische Standards nicht mehr einhalten zu können beziehungsweise zu wollen, und der andere genmanipulierte Lebensmittel verwendete. (Achtung – Unterstellungen!) Aber dies sind nur einzelne Puzzleteile, die zum langsamen Zerfall der Giganten beitragen. Tatsächlich ist der Fast-Food-Trend spürbar abgeklungen. Die kulinarische Mode geht aber nicht nur in Richtung Slow Food zurück, sondern es sind die Konsumenten, wir, die Burger-Liebhaber, die sich mehr und mehr Gedanken machen.

> Es gibt seither zwei Arten von Menschen:
> die einen, die lieber den Whopper essen,
> und die anderen, die den Big Mac bevorzugen.

WIR MÖCHTEN WISSEN, WIE DIE KUH HIEß UND WAS SIE Aß.

WIR WOLLEN WISSEN, WIE DER BAUER MIT IHR UMGING.

WIR HINTERFRAGEN DEN ANBAU DER KARTOFFEL UND DEN RESSOURCENEINSATZ VON PFLANZENSCHUTZMITTELN UND ÄHNLICHEM.

WIR WOLLEN, DASS ES AUCH BIO IST, WENN ES BIO HEIßT.

WIR WOLLEN KEINE LANGEN TRANSPORTWEGE UND UNTERSTÜTZEN LIEBER DIE REGIONALE BESCHAFFUNG.

WIR WOLLEN KEINE TIEFKÜHLWARE. KUH EMMA MUSS AM BESTEN HEUTE VORMITTAG GESCHLACHTET UND DAS PATTY 20 MINUTEN VOR DEM VERZEHR FRISCH GEWOLFT WORDEN SEIN.

Heutzutage ist der Burger mehr als nur Fast Food. Sterneköche und Gourmetköche haben die beliebte Fleischbulette zu einem richtigen Festessen umformatiert. Ob Wagyu-Fleisch für das Patty verwendet wird oder eine Trüffelcreme den Klassiker Ketchup ersetzt – der Burger wird in die deutsche Esskultur weiter integriert und wandelt sich permanent.

Er ist einfach nicht mehr wegzudenken, weder aus deinem Imbiss nebenan, wo der Inhaber ein tiefgekühltes Rinderpatty zwischen zwei Supermarktbrötchen klemmt mit einem dicken Soßenklecks drauf, noch von der Speisekarte mittlerweile vieler deutscher Nobelrestaurants.

> **WISSENSBITE**
>
> Den Start des eigentlichen Burger-Booms in Berlin lässt sich auf 2013 datieren und mit der Gründung unserer Burger-City-Guide-Community haben wir ihn begleitet. In diesem Jahr verzeichneten wir ein immenses Interesse am Burger-Konsum und die Eröffnung unzähliger Burger-Restaurants in allen Stadtbezirken.

> Ganz wichtig ist aber:
> Er muss anders sein.
> Er muss anders schmecken und anders zubereitet sein als ein Whopper oder ein Big Mac.

BURGER ALS LIFESTYLE-GEDANKE

Der Wandel der Burger-Szene wird ganz eindeutig auch von der unersättlichen Neugierde der Konsumenten befeuert. Man will mehr als nur den klassischen Cheeseburger. Und vor allem will mittlerweile auch jeder einen Burger essen können, also auch Veganer, Flexitarier, Vegetarier und Co.

DER SPORTLER

Für ihn gibt es den „Protein-Burger", einen echten Burger, aber ohne Brot. Sehr beliebt sind Buns aus kohlenhydratarmen Lebensmitteln. Das Brot wird zum Beispiel durch Salatblätter, große Fleischtomatenscheiben, Portobellopilze oder aus fettarmem Fleisch hergestellte Pattys ersetzt.

DER VEGETARIER

Auch Vegetarier erfreuen sich des Burger-Glücks. Das Fleisch wird zum Beispiel durch Soja- oder Kichererbsenpattys ersetzt. Man findet heutzutage in fast jedem Burger-Restaurant auch vegetarische Burger auf der Karte. Selbst die Veganer mischen sich unter das Burger-Volk mit Leinsamenbratlingen, die das Brot ersetzen, Quinoapattys und Co.

DIE LADY

Für die zierlichen Damen gibt es mittlerweile auch ein Stück Burger-Glück: den süßen 120 bis 160 Gramm schweren Burger, der perfekt in ihre zarten Hände passt. Perfektioniert für die Frau von Welt, um nicht allzu satt zu werden. Und dazu eine Cola light ...

DIVERSIFIKATION DES BURGERS: LÄNDERTRENDS

Kein anderes Fast-Food-Gericht ist so international wie der Burger. Den klassischen Hamburger findet man in jeder Metropole. Aber auch hier gibt es länderspezifische Unterschiede und Abwandlungen. Abhängig vom Geschmack, der Kultur oder gar der Religion wird der Burger anders zubereitet, zum Beispiel in ...

ISRAEL

In diesem Land werden Fleischprodukte nicht gemeinsam mit Milchprodukten verzehrt. In der Thora heißt es nämlich im Speisegesetz: „Du sollst das Böcklein nicht in der Milch seiner Mutter bereiten." Dieser Glaubenssatz bestimmt auch heute noch die jüdische Esskultur. So werden beispielsweise in strenggläubigen koscheren Gaststätten keine Cheeseburger angeboten.

JAPAN

Dieses Land ist der Vorreiter in Sachen kuriose Burger. Dort gibt es pinke, rote oder schwarze Buns, die die Ausscheidungen grün färben, oder schwarze Käsescheiben. Schräger geht es kaum! Oder doch? Stimmt: Wir hätten beinahe den schwarzen Ketchup vergessen.

KOREA

Nudel- und Reisgerichte haben im asiatischen Raum eine lange Tradition. Selbst aus diesen Lebensmitteln werden Burger-Buns gefertigt. Der Ramen-Burger verdient sich seinen Namen mit verquirlten Ramennudeln, die zu einer Bun-Scheibe geformt werden. Das Burger-City-Guide-Team hat im Berliner Burger-Restaurant „Chilees" diesen Burger probiert und war schlichtweg begeistert.

TÜRKEI

In Istanbul liegen nasse Burger absolut im Trend. Die Zubereitung des Islak-Burgers ist recht einfach. Knoblauch, Zwiebeln und Petersilie sind im Patty schon mit drin. Die Buns werden in Tomatensoße getränkt – ein Renner beim Partyvolk als After-Hour-Burger. Ayran darf selbstverständlich nicht fehlen.

BURGER-TRIVIA – REKORDE UND KURIOSES

DER HAMBURGER HAT NICHTS MIT SCHINKEN ZU TUN

Was viele nicht wissen: Es gibt keinen Zusammenhang zwischen dem englischen Wort „ham", übersetzt „Schinken", und dem Begriff „Hamburger". Im Norden Deutschlands ist man größtenteils der Ansicht, dass die Ursprünge des Frikadellenbrötchens in Hamburg liegen. Der Grund könnte sein, dass Reisende auf dem Weg nach Amerika oft Hamburger Hausmannskost bekamen. Hamburg war damals die letzte Station in Europa, bevor es über den atlantischen Ozean in Richtung Amerika ging. Meistens landete die Speise „Rundstück warm" auf dem Teller der Schiffsleute: ein Stück Schweinebraten zwischen Brothälften gelegt und mit Soße veredelt. Das Gericht wurde Hamburger genannt. Aber auch aus Europa importiertes Rindfleisch wurde in Amerika als „Hamburger" bezeichnet. Es war außergewöhnlich und innovativ,

Fleisch mit Eisstangen gekühlt über den Atlantik nach Amerika zu verschiffen. Das importierte Fleisch von gehobener Qualität galt als Luxusprodukt. Und so kam das begehrte Rindfleisch aus Deutschland zu seinem Namen.

DAS BIG-MAC-MODEL

Nela Zisser ist derzeit das berühmteste Model Neuseelands. Das hat aber nicht nur mit ihrem Aussehen zu tun. Die Gewinnerin mehrerer Schönheitswettbewerbe hat es geschafft, in nur 60 Minuten ganze 22 Big Macs zu verschlingen. Die 23-Jährige ist neben ihrer Modelkarriere auch erfolgreiche Wettesserin.

DER WELTREKORD-BURGER

In Carlton, USA, wurde der mit 914 kg größte Burger der Welt zubereitet und schaffte einen Eintrag in das Guinnessbuch der Rekorde. Außerdem soll der knapp eine Tonne schwere Burger auch sehr gut geschmeckt haben, wie ein Vertreter des Guinness-Rekord-Buchs bestätigte. Für den Giganten wurden 27 kg Speck, 23 kg Salat, 23 kg Zwiebeln, 18 kg Gurken und 18 kg Käse verarbeitet. Ganze sieben Stunden wurde das Bun gebacken und das Patty war erst nach vier Stunden fertig gegrillt. Das Wenden des Pattys war nur mit einem Kran möglich.

VIER JAHRZEHNTE LANG TÄGLICH BURGER

Der Amerikaner Dan Gorske hat über 39 Jahre lang täglich Big Macs konsumiert. Das sind insgesamt knapp 25.000 Big Macs und umgerechnet 12,5 Milliarden Kalorien. Seiner Gesundheit hat es bemerkenswerterweise nicht geschadet. Der amerikanische TV-Sender *NBC* meldete, dass der 57-Jährige topfit sei und bis zu zwei Big Macs täglich verschlinge.

DER BURGER-TERMINATOR JOEY CHESTNUT

Am 28. Oktober 2007 aß der berühmte Wettesser Joey Chestnut bei der offiziellen Weltmeisterschaft im Hamburger-Wettessen 103 Burger der Burger-Kette Krystal in acht Minuten. Damit holte er sich den Weltrekord und den Weltmeistertitel.

DER TEUERSTE BURGER DER WELT

In Londoner Restaurant „Honky Tonk" im Stadtteil Chelsea wurde der „Glamburger" angeboten, der umgerechnet circa 1.500 € kostete. Auf dem Kunstwerk befanden sich Zutaten wie Kobe-Rindfleisch, Wildfleisch aus Neuseeland, schwarzer Trüffel, Himalaya-Salz, kanadischer Hummer, iranischer Safran, mit Ahornsirup verfeinerter Bacon, Sahne-Mayonnaise, japanisches Matcha-Pulver, Beluga-Kaviar und ein auf Hickoryholz geräuchertes, mit Blattgold überzogenes Entenei. Das Bun selbst war auch mit Blattgold überzogen. Ein Getränk war im Preis enthalten: Mango-Schampus mit weißem Trüffel.

HEART ATTACK GRILL

Dieses ganz besondere Burger-Restaurant im Krankenhausstil gehört definitiv in die Kategorie „Kurioses". Im Heart Attack Grill, dem „Herzinfarkt-Grill", in Las Vegas werden Gäste von Krankenschwestern bedient und bekommen Krankenhauskittel zum Überziehen. Abgesehen von den unglaublichen Fett- und Kalorienmengen ist hier zu essen mal etwas anderes. Das Fleisch und die Pommes werden nach der Zubereitung noch durch Schweineschmalz gezogen. Die Getränke werden mit riesengroßen Plastikspritzen ausgeschenkt und übergewichtige Menschen mit einem Gewicht über 160 kg essen dort kostenlos. Die Burger reichen vom Single bis hin zum 8-fachen Riesen-Burger, der stolze 20.000 Kalorien auf die Waage bringt. Wer seine Portion nicht schafft, kann sich auf Wunsch mitten im Restaurant den Hintern von OP-Schwestern in Strapsen versohlen lassen. Bier aus der Dose, Küchenrollen statt Servietten, der Chef im zerrissenen Arztkittel hinterm Tresen. Wem es gelingt, aufzuessen, wird als Belohnung im Rollstuhl von einer Krankenschwester zu seinem Auto gefahren.

EIN KURZER RÜCKBLICK

Ab den 1970er-Jahren hielt der Burger langsam Einzug in die deutsche Esskultur. McDonald's und Burger King waren die Revolutionäre und Pioniere. Schneller Vorlauf – und wir sind auch schon im 21. Jahrhundert angekommen. Heute sind wir ernährungsbewusster als jemals zuvor und hungriger denn je nach guter und gesunder Ernährung. Wir wollen wissen, was da auf unseren Tellern liegt, fragen, wie es zubereitet wird, sind neugieriger geworden, woher unsere Nahrungsmittel kommen, und interessiert daran, unsere Gesundheit mit gutem Essen zu bewahren und zu fördern. Und hier kommt der Burger von heute ins Spiel. Den „Klassiker" gibt es zwar immer noch: die Version aus der Imbissbude mit dem Industrie-Sesam-Bun und dem Tiefkühlpatty. Manch einem rettet er den Morgen nach einer durchzechten Nacht. Aber das reicht uns nicht mehr. Wir wollen mehr – gesünder, am besten auch vegetarisch oder noch besser vegan. Doch wir von Burger City Guide huldigen dem richtigen Burger. Ehre dem, der selbst gemachte Buns kreiert und sein Fleisch selbst wolft, formt und würzt.

DER BURGER LEBT. UND ER IST BESSER DENN JE. WEIL WIR ES SO WOLLEN. WEIL WIR HUNGRIGER DENN JE SIND UND IHN NUN NICHT MEHR GEHEN LASSEN.

AMEN.

DAS DRITTE GEBOT

MCDONALD'S, BURGER KING & CO – WIR LIEBEN SIE IMMER NOCH. DU SOLLST NICHT FALSCH ZEUGNIS REDEN WIDER DEINE NÄCHSTEN, DIE SIE AUCH HEUTE NOCH GERNE ESSEN!

BURGER
LEXIKON

BURGER-LEXIKON 39

WAS IST WAS?

BURGER-LEXIKON

DIE SEELE EINES GUTEN BURGERS IST EIN GUTES BURGER-PATTY. DOCH WAS MACHT EIN GUTES BURGER-PATTY EIGENTLICH AUS? WORAUF IST BEI DER ZUBEREITUNG UND BEIM BRATEN ZU ACHTEN? WIE KANN MAN NOCH MEHR GESCHMACK AUS DEN BURGER-PATTYS RAUSHOLEN?

WELCHES FLEISCH?

Der wichtigste Faktor für ein geschmackvolles Burger-Patty ist das Fleisch. Die einfachste Variante ist das Steak-Patty, also einfach ein ganzes Steak auf dem Burger. Hierfür eignet sich zum Beispiel das Ribeye sehr, weil es alleine schon durch das Fettauge einen hohen Fettanteil mitbringt. Etwas komplizierter wird es schon bei Hackfleisch-Burger-Pattys. Beim Hackfleisch werden meist verschiedene Teilstücke vermischt, beim Rind zum Beispiel oft Teile der Vorderkeule wie die Schulter. Auf die verschiedenen Hackmischungen geht dieses Kapitel später genauer ein.

Das Fett ist als Geschmacksträger für ein gutes Burger-Patty sehr wichtig, bei Hackfleisch sollte man einen Anteil von circa 25 Prozent anpeilen. Dazu zerteilt man die mageren Fleischstücke sowie das Fett, bevor der Fleischwolf in Aktion tritt. Man kann ganz einfach das Fett abwiegen und die dreifache Menge Fleisch hinzufügen, schon kommt man recht genau auf die 25 Prozent Fettanteil. Als Alternative kann man auch Fleisch verwenden, welches bereits viel intramuskuläres Fett enthält. Besonders geeignet ist beispielsweise Rinderbrust.

DIE FLEISCHREIFUNG – FLEISCH ABHÄNGEN LASSEN
GESCHICHTE DER FLEISCHREIFUNG

Bis in die 1950er-Jahre war die Trockenreifung in deutschen Metzgereien die gängige Methode der Fleischreifung. Mittlerweile hat sich

im Zeitalter der Globalisierung die Wet-Aging-Methode durchgesetzt, über 90 Prozent des im Handel erhältlichen Fleischs wird mit dieser Reifemethode veredelt. Mit dem steigenden Bewusstsein für nachhaltigen und naturgerechten Fleischkonsum gewinnt die Trockenreifung von Fleisch gerade in den letzten Jahren jedoch wieder an Zuspruch. In Europa, besonders in Deutschland, muss ein gutes Stück Fleisch meistens nur zart sein, was man mit der Wet-Aging-Methode wunderbar erreicht. In Amerika, dem Land der Steaks, sieht man das jedoch anders, hier liegt der Fokus hauptsächlich auf dem Geschmack der Steaks. Das Maximum an Fleischgenuss kann man mit der Trockenreifung erreichen. Nachdem diese jahrelang für die Berühmtheit verschiedener New York Steakhäuser gesorgt hat, kommt die eigentlich altbekannte Methode langsam auch in Deutschland wieder auf den Teller.

DAS GRUNDPRINZIP DER FLEISCHREIFUNG

Frisches Fleisch wird nach der Schlachtung im Prinzip zäh und verliert an Geschmack. Um Fleisch zart zu machen und auch noch das Aroma zu verbessern, lässt man es nach der Schlachtung unter kontrollierten Bedingungen reifen. Diesen bakteriellen Prozess bezeichnet man auch als „Fleisch abhängen lassen".

Unabhängig von der eingesetzten Reifemethode finden immer zwei sehr wichtige Prozesse statt. Nach der Schlachtung geht das Fleisch, genauer gesagt der Muskel, in eine Starre über. Zu diesem Zeitpunkt wäre das Fleisch nach dem Braten geschmacklich eher säuerlich und in puncto Konsistenz sehr zäh und fest. Die Stoffwechselprozesse innerhalb des Fleischs laufen nach der Schlachtung anaerob ab, also ohne den Einfluss von Sauerstoff. Mit der Zeit wird das im Muskel enthaltene Glykogen zu Lactat abgebaut. Beim Glykogen handelt es sich um die Speichervariante des auch als Traubenzucker bekannten Energieträgers Glukose. Man kann sich eine Verkettung von einzelnen Traubenzuckermolekülen zu einer langen Glykogenkette vorstellen. Beim Umwandeln von Glykogen in das auch als Milchsäure bekannte Lactat verliert der Muskel seine Kontraktion und entspannt sich, das Fleisch wird dadurch wieder weicher.

Im zweiten Schritt verändert das entstandene Lactat als Säure nun den pH-Wert des Fleischs von neutralen 7 zu sauren 5 bis 6. Hierbei werden Enzyme frei, welche ein Auflösen der Muskelfaserstruktur bewirken, das Fleisch wird nun zart. Anschließend wird das Fleisch nach verschiedenen Reifeverfahren weitergereift, um den Geschmack noch weiter auszubilden.

GÄNGIGE REIFEMETHODEN

DIE TROCKENREIFUNG – DRY-AGING

Bei der Dry-Aging-Methode, auch Trockenreifung genannt, handelt es sich um die traditionelle Methode der Fleischveredelung. Man hängt bei diesem Verfahren das Fleisch noch am Knochen bei kontrollierter Temperatur von etwa 0 bis 4 Grad Celsius und einer Luftfeuchtigkeit von bis zu 90 Prozent für etwa 28 bis 60 Tage ab. Dabei verbessert sich zunehmend der Geschmack des Fleischs, es wird wesentlich kerniger, fast nussig im Aroma. Gleichzeitig verliert das Fleisch durch das Reifen an der Luft bis zu 30 Prozent an Gewicht, was diese Reifemethode recht teuer macht.

DIE NASSREIFUNG – WET-AGING

Für das Wet-Aging, also die Nassreifung, wird das Fleisch nach der Schlachtung im eigenen Fleischsaft vakuumiert. Nach etwa 20 bis 30 Tagen hat das Fleisch durch die Reifung im eigenen Saft an Zartheit und Geschmack gewonnen. Gerade das Fleisch aus Übersee, zum Beispiel aus Argentinien oder aus den USA, wird fast immer mit dieser Methode gereift. Nach dem Vakuumieren werden die Fleischpakete auf dem Schiffsweg zu uns transportiert und reifen während dieser Reise. Da die Milchsäurebakterien hier durchgehend auf das Fleisch einwirken, kommt es zur Bildung eines leicht säuerlichen, fast metallischen Geschmacks. Im Gegensatz zu der Trockenreifung bleibt hier das Gewicht des Fleischs gleich.

INNOVATIVE NEUE REIFEMETHODEN

DIE ASCHEREIFUNG – ASCHE-AGING

Eine der neuesten Methoden zur Fleischreifung ist das sogenannte Asche-Aging. Hier wird das Fleisch mit einer Mischung aus Buchenholzasche, Meersalz, Pfeffer und Kräutern eingerieben und anschließend für drei Monate trocken gereift. Diese Methode hat genauso wie das folgende Aqua-Aging Dirk Ludwig entwickelt, ein leidenschaftlicher Metzger aus Hessen. Er ist nicht nur sehr aktiv im Online-Fleischhandel, sondern entwickelt nebenbei auch noch eigene Reifeverfahren. Da er mehrere Räucheröfen betreibt, ist die Buchenholzasche praktisch als Nebenprodukt entstanden.

DIE MINERALWASSERREIFUNG – AQUA-AGING

Das Aqua-Aging von Dirk Ludwig entstand aufgrund seiner Unzufriedenheit mit dem metallischen Geschmack, der durch das Wet-Aging entsteht. Durch das Reifen in Mineralwasser bleibt das Fleisch nicht nur saftig und zart, sondern bekommt auch noch einen mineralischen Geschmack. Bis zum finalen Produkt wurde sehr intensiv mit unterschiedlichen Kohlensäurekonzentrationen und Reifezeiträumen experimentiert.

BULLE: Das männliche nicht kastrierte Rind bezeichnet man ab dem 23. Monat als ausgewachsenen Bullen oder auch Stier. Das Bullenfleisch ist relativ fettarm und hat eine mittlere bis kräftige Faserstruktur. Beim Jungbullen handelt es sich um ein männliches Rind, welches im Alter von 14 bis 22 Monaten geschlachtet wird.

KUH: Bei weiblichen Rindern, die bereits gekalbt haben, spricht man von Kühen. Geschlachtet werden oft Milchkühe, deren Milchleistung zu gering ist.

KALB: Beim wenige Wochen bis Monate alten Rind spricht man vom Kalb. Laut einer Vorschrift der Europäischen Union gelten Rinder bis maximal acht Monate noch als Kalb, danach spricht man von Jungrindern. Das sehr helle Kalbfleisch unterscheidet sich aufgrund seiner Zartheit stark vom Fleisch älterer Rinder und ist auch sehr fettarm.

RINDFLEISCH

KLEINE RINDFLEISCHKUNDE

Das Hausrind wurde bereits vor dem 9. Jahrtausend vor Christus durch den Menschen domestiziert. Es stammt direkt vom Auerochsen ab, der seit etwa dem 16. Jahrhundert ausgerotteten Wildform der heutigen Rinder. Erst vor wenigen Jahren hat eine internationale Forschergruppe herausgefunden, dass alle heute in Europa lebenden Rinder von einer Gruppe von etwa 80 weiblichen Tieren aus dem Nahen Osten abstammen. Man unterscheidet heutzutage zwischen Rindern, die zur Milchproduktion dienen, und Rindern, die in der Fleischproduktion eingesetzt werden. Es gibt auch sogenannte Zweinutzungsrassen, die für beides infrage kommen können, zum Beispiel das recht bekannte Simmentaler Fleckvieh. Der Unterschied zwischen den verschiedenen Nutzungsrichtungen geht hauptsächlich auf die genetische Abstammung der Rinder zurück. Während beim Milchvieh eine hohe Milchleistung im Vordergrund steht, geht es beim Fleischvieh vor allem um die Marmorierung und die feine Struktur des Fleischs.

Beim Rind wird zwischen Extensiv- und Intensivmast unterschieden. Gerade bei der Intensivmast spezialisieren sich die Bauern oft auf bestimmte Tiere, also reine Kälbermast oder reine Färsenmast. Die Jungbullenmast macht beim Rind mit knapp 50 Prozent in Deutschland den Großteil aus. Dabei wird zwischen 18 und 24 Monaten im Stall, teilweise bei verlängerter Mast auch mit Auslauf auf Grünflächen gemästet.

Bei der Extensivmast auf Naturweiden wird beim sogenannten Ranching eine sehr viel größere Fläche pro Tier genutzt, die Tiere leben teilweise komplett in der freien Natur. Auch findet bei nachhaltigen

OCHSE: Kastrierte männliche Rinder bezeichnet man als Ochsen. Die Aufzucht von Ochsen ist deutlich zeitintensiver und damit auch kostenintensiver, weil Ochsen langsamer wachsen. Ihr Fleisch ist dafür feinfaserig und saftig. Mit seinem kräftigen Fettansatz ist Ochsenfleisch sehr aromatisch. Es ist zum Beispiel in der bayerischen Küche eine Spezialität und wird auch auf dem Oktoberfest serviert.

FÄRSE: Bei weiblichen Rindern, die noch nie gekalbt haben, spricht man von Färsen. Das Fleisch von Färsen ist im Handel etwas seltener zu finden, weil die Zucht wirtschaftlich riskanter ist als die Bullenzucht. Färsen wachsen langsamer und erreichen kein so hohes Schlachtgewicht. Das Färsenfleisch ist sehr zart und durch eine feine Marmorierung auch sehr saftig. Zur Fleischveredelung wie zum Beispiel beim Dry-Aging wird es daher bevorzugt eingesetzt.

EBER: Das männliche unkastrierte Schwein nennt man Eber. Es spielt in Deutschland im Schweinefleischhandel praktisch kaum eine Rolle, weil das Fleisch durch verschiedene Sexualhormone einen strengen Eigengeschmack entwickeln kann. Es gibt Bemühungen, durch Zufütterung und Schlachtung zu einem speziellen Zeitpunkt diese nicht gewünschte Geschmacksentwicklung zu verhindern. Weil Eber ihr Futter im Gegensatz zu Sauen effizienter verwerten und schneller wachsen, wäre ihre Zucht sehr interessant. Eber werden meistens zur Zucht verwendet und im Falle einer geplanten Schlachtung mindestens zwei Monate vorher kastriert, um die Entwicklung des Eigengeschmacks zu verhindern.

Zuchtbetrieben oft eine Fokussierung auf spezielle Rassen statt. So hat sich zum Beispiel die Morgan Ranch in Burwell, Nebraska, seit über 25 Jahren unter anderem auf die Rasse Wagyu spezialisiert. Das Ergebnis der aufwendigen Haltung ist großartiger Geschmack. Deshalb ist es sehr zu empfehlen, sich mit der Herkunft des Rindfleischs auseinanderzusetzen.

SCHWEINEFLEISCH

KLEINE SCHWEINEFLEISCHKUNDE

Schweinefleisch ist das meistverzehrte Fleisch in Europa. Deutschland ist der größte europäische Schweineproduzent und weltweit der drittgrößte Erzeuger von Schweinefleisch. Die Haltung von Schweinen zur Fleischerzeugung begleitet die Menschen schon seit Ewigkeiten, die Domestizierung des Hausschweins liegt vermutlich etwa 9.000 Jahre zurück. In der Schweinezucht ist es üblich, die Schweine mit Eicheln zu füttern. Diese geben dem Schweinefleisch einen nussigen Geschmack. Früher wurden dazu die Tiere im Herbst in den Wald getrieben, wo sie Eicheln als natürliches Futter in großen Mengen fressen konnten. Dabei kam es aber auch zu Kreuzungen mit Wildschweinen. Erst seit etwa 200 Jahren kann man von einer gezielten Zucht von Schweinen mit mittlerweile über 100 verschiedenen Rassen sprechen. Heutzutage unterscheidet man die extensive und die intensive Schweinemast. Die Extensivmast von Schweinen orientiert sich an den Richtlinien der biologischen Landwirtschaft. Um den natürlichen Bedürfnissen von Schweinen gerecht zu werden, können die Tiere hier ihr natürliches Verhalten ausleben. Größerer Auslauf erlaubt es den Tieren, sich zu suhlen und im Boden zu wühlen. Die intelligenten

SAU: Das beliebteste Schweinefleisch ist ganz klar das Fleisch von weiblichen Schweinen. Diese werden auch als Sauen bezeichnet, sobald sie Nachkommen haben. Das Fleisch hat eine sehr intensive Farbe und durch den Fettanteil einen kräftigen Geschmack. Im Gegensatz zum Eberfleisch fehlt der strenge Eigengeschmack, weshalb man im Handel hauptsächlich auf Sauenfleisch trifft.

FERKEL: Die Jungtiere, welche noch bei der Mutter leben und gesäugt werden, bezeichnet man als Ferkel. Bis zu einem Alter von sechs Wochen spricht man auch vom Spanferkel. Bei einigen besonders alten Hausschweinrassen haben die Ferkel noch ein gestreiftes Fell. Hier zeigt sich die nahe Verwandtschaft zum Wildschwein, bei dem die als Frischlinge bezeichneten Jungtiere typischerweise ein gestreiftes Fell haben.

Tiere nutzen dabei ihren sehr gut ausgeprägten Geruchssinn, um Futter zu suchen. Nicht umsonst werden Schweine auch bei der Trüffelsuche oder der Polizei wegen ihrer gute Nase geschätzt. Das Fleisch von Schweinen aus Extensivmast ist meist viel schmackhafter als das Fleisch aus Intensivmast. Es ist außerdem stärker marmoriert und besitzt einen höheren Anteil an intramuskulärem Fett. Dadurch eignet sich das Fleisch einiger besonders edler Hausschweinrassen sogar für die Veredelung im Dry-Aging-Verfahren.

In der Intensivmast von Schweinen werden mehrere Zuchtlinien parallel betrieben, um sowohl Ferkel als Nachwuchs als auch als Masttiere zu züchten. Dabei werden immer wieder Hochleistungstiere besonderer Zuchtrassen durch künstliche Besamung miteinander gepaart, um perfekte Mastschweine zu erhalten. Diese Mastschweine können sich untereinander allerdings nur noch bedingt paaren. Die Vorteile, welche durch das sogenannte Hybridverfahren erreicht werden, gehen hierbei verloren. Das einzelne Schwein hat bei der Intensivzucht genau 0,6 Quadratmeter Platz, acht bis zwölf Schweine leben zusammen in einer Bucht. Die Schweine werden in den Buchten über 200 Tage schnell gemästet, dabei wird die Fettschichtbildung der Schweine sogar über eine höhere Temperatur geregelt. Im Handel ist heutzutage das Schweinefleisch aus Intensivmast mit über 90 Prozent Marktanteil leider die Regel. Langsam findet hier jedoch ein Umdenken statt, das Bewusstsein beim Verbraucher für artgerechten und nachhaltigen Fleischkonsum steigt. Anstatt Fleisch von Schweinen zu kaufen, die wegen der intensiven Zuchtbedingungen Medikamente benötigen, kann man auch das Fleisch von Schweinen kaufen, die dank natürlicher Haltung robuster gegen Krankheiten sind. Der Trend geht vom eher mageren, hellhäutigen Schwein aus Intensivmast wieder zurück zu alten dunkelhäutigen Rassen, die bei mehr Zeit und besserem Futter charaktervolleres, fetteres Fleisch liefern.

LAMM: Ein Lamm ist ein Schaf, das vor dem zwölften Monat geschlachtet wird. Weiter wird bei Lämmern zwischen Milchlämmern und Mastlämmern unterschieden. Milchlämmer werden im Alter zwischen zwei und sechs Monaten geschlachtet, das Fleisch ist dann noch besonders hell.

Die Mastlämmer werden bis zum Alter von zwölf Monaten geschlachtet. Ihr Fleisch ist dunkelrosa und nur leicht mit Fett durchwachsen.

JUNGSCHAF: Wenn Lämmer erst nach zwölf Monaten, also in ihrem zweiten Lebensjahr, geschlachtet werden, bezeichnet man sie auch als Jungschafe. Im Gegensatz zu den Lämmern haben Jungschafe schon mehr Fett angesetzt, weshalb ihr Fleisch auch für die Dry-Aging-Reifemethode infrage kommt.

LAMMFLEISCH

KLEINE LAMMFLEISCHKUNDE

Die Haltung von Schafen hat ebenso wie die Rinder- und Schweinehaltung eine sehr lange Tradition und reicht bis über 7.000 vor Christus zurück. Um mehr von der gewünschten Wolle zu erhalten, wurden Schafe sehr lange gezüchtet, um die Vliesbildung zu steigern.
In Deutschland wird Lammfleisch seit vielen Jahren kaum gegessen, der Pro-Kopf-Verbrauch pro Jahr ist verschwindend gering. Teilweise liegt das an einer falschen Vorstellung vom Eigengeschmack des Lammfleischs. Es ist reich an wertvollen Vitaminen und Mineralstoffen und hat einen wahrnehmbaren, charakteristischen Eigengeschmack. Wie auch bei anderen Tieren ist der Geschmack des Fleischs von der Haltung und dem Futter abhängig. Bei Schafen gelten zum Beispiel die sehr salzhaltigen Gräser der irischen Küsten als ideal für geschmackvolles Lammfleisch, aber auch Kräuterwiesen können sich im Geschmack bemerkbar machen. Schafe werden heutzutage in der Intensivmast, der Extensivmast und auch in der klassischen Weidelämmermast gezüchtet. Die Intensivmast setzt dabei auf hohe Zugaben von Kraftfutter und findet wetterunabhängig statt, während man bei der Extensivmast auf die Zufütterung von Mais und Gras aus dem eigenen Betrieb setzt. In der kostengünstigen Weidelämmermast bleiben die Schafe in der ursprünglichen Herde auf der Weide und bekommen keine Kraftfutterzugabe. Die Schafe sorgen dabei durch das Abgrasen für eine Rekultivierung der Weideflächen.

SCHAF: Bei weiblichen kastrierten Tieren über einem Alter von zwölf Monaten spricht man von Schafen. Ihr Fleisch ist dunkelrot mit feiner Marmorierung.

HAMMEL: Bis zu einem Alter von zwei Jahren nennt man die männlichen kastrierten Tiere Hammel. Ihr Fleisch ist sehr durchwachsen und hat den typischen Hammeleigengeschmack. Das Hammelfleisch ist daher weniger beliebt als Lammfleisch.

BOCK: Männliche nicht kastrierte Tiere, die älter als zwölf Monate sind, bezeichnet man als Böcke. Das Fleisch von Böcken ist aufgrund des strengen Eigengeschmacks nicht sehr beliebt.

WÜRZEN UND FORMEN

Würzen – wann, wie, wo? Das Grundprinzip lautet: KISS – keep it short & simple! Genau das ist das Geheimnis guter Fleisch-Pattys. Anstatt wie bei der deutschen Frikadelle mit Brötchen, Zwiebeln, teilweise geriebenen Möhrchen sowie mindestens Pfeffer und Salz das Hackfleisch für Fleisch-Pattys „zu strecken", nimmt man einfach gutes Fleisch, welches man richtig anbrät, und gibt noch einen guten Pfeffer und ein gutes grobes Meersalz dazu.

Ob man vor dem Anbraten oder erst danach würzen soll – hier scheiden sich die Geister. Während Salz vor und nach dem Anbraten an Fleisch gegeben werden kann, sollte man Pfeffer nur bedingt vor einem sehr scharfen Anbraten verwenden, weil dieser dabei verbrennt. Salz hingegen fördert sogar die Bildung einer tollen Röstkruste.

Warum sehe ich trotzdem, wie in meinem Lieblings-Burger-Laden noch auf dem Grill gesalzen und vor allem auch gepfeffert wird? Weil der Profi das Fleisch nur einmal wendet und weil das Fleisch-Patty wahrscheinlich fast fertig ist.

BEHANDLUNG VON HACK

HACK-PATTYS PRESSEN

Die gepressten Burger-Pattys kommen in der „freien Natur" vermutlich am häufigsten vor. Dabei wird mit dem Pressen der Pattys in eine Form eine in etwa einheitliche Größe erreicht, welche sehr beliebt ist. Im Handel sind spezielle Burger-Patty-Pressen erhältlich, zum Ausprobieren daheim kann man aber auch erst einmal eine Tupperdose oder eine große Tasse zu Hilfe nehmen. Die fertig gepressten Burger-Pattys verhalten sich dank der einheitlichen Dicke beim Zubereiten natürlich gleich, bei anderen Burger-Patty-Methoden ist das nicht immer der Fall.

WURSTMETHODE

Bei der Wurstmethode für Burger-Pattys wird der frisch aus dem Fleischwolf gewonnene Strang vorsichtig der Länge nach wie eine Wurst eingerollt. Für dickere Pattys legt man dabei mehrere Stränge übereinander. Anschließend kann man diese Burger-Patty-Wurst vorsichtig in Scheiben schneiden. Man erhält so besonders zarte Fleisch-Pattys, bei denen die Fleischfaser vertikal zur Bratseite ausgerichtet ist. Hiervon verspricht man sich durch die vergrößerte Oberfläche ein Maximum an Röstaromen.

Mit einer Burger-Presse gelingt das Patty immer. Durch die stets gleiche Dicke über den gesamten Durchmesser des Pattys wird es beim Braten oder Grillen überall gleich gar.

FLEISCHBALL FORMEN

Es läuft zunächst nicht anders als bei den bekannten Frikadellen von Mutti: Eine Portion Hackfleisch wird mit den Händen zu einem Fleischball geformt. Hier kann man ganz nach Vorliebe mit etwas mehr Druck arbeiten, um ein wenig mehr Biss zu erreichen, oder die Fleischbälle locker formen. Und wie verhindert man, dass die lockeren Fleischbälle auseinanderfallen? Wirf einen Blick auf die nächste Methode.

SMASHED-PATTY-METHODE

Wie der englische Name schon verrät, kommt diese Methode aus dem Burger-Land USA. Bei Smashed Pattys liegt das Geheimnis in der Steigerung der Röstaromen beim Anbraten. Dazu werden zunächst lockere Fleischbälle geformt wie in der vorherigen Methode. Diese werden beim Anbraten direkt auf der Grillplatte gesmashed – also mit einem Plattier- oder Burger-Eisen platt gedrückt. Das Zischen und der Geruch sind erste Anzeichen für die leckeren Röstaromen, die dabei entstehen. Bevor man den Burger zum ersten Mal wendet, sollte er sich quasi von alleine wieder von der Grillplatte lösen.

TIPPS ZUM ANBRATEN UND FÜR DIE PERFEKTE KRUSTE

DIE PERFEKTE (UNBESCHICHTETE) PFANNE

Beim Anbraten von Burger-Pattys in der Pfanne kommt es vor allem auf die geeignete Hardware, also eine gute Pfanne, an. Empfehlenswert sind geschmiedete oder gusseiserne Pfannen. Mit Teflon versiegelte Pfannen sind nicht für die hohe Temperatur geeignet, die zum scharfen Anbraten von Burger-Pattys ideal ist. Auf der einen Seite schirmt die Teflonbeschichtung die Temperatur ab, weshalb eine unbeschichtete Pfanne einfach energieeffizienter ist. Auf der anderen Seite beginnt Teflon zwischen 200 und 360 Grad Celsius giftige Gase zu bilden. Der Pfannenhersteller Tefal rät Kunden auf seinen Verpackungen vor der Haltung von Vögeln in der Küche ab. Die gusseiserne Pfanne erfordert eine spezielle Pflege. Sie wird nicht mit Spüli gesäubert, sondern nach dem ersten Einbrennen nur mit heißem Wasser gereinigt. Dadurch entsteht mit der Zeit eine natürliche Patina auf der Pfanne, welche viel zu einem guten Röstaroma beiträgt. In der Pfanne kann man das Fett ruhig stehen lassen: Es schützt die Pfannenoberfläche und wird vor dem nächsten Einsatz einfach heiß ausgespült.

DAS ANBRATEN DER BURGER-PATTYS

Beim Anbraten von Burger-Pattys kann man zwischen den verschiedenen Methoden aus dem Abschnitt „Grill- und Pfannenkunde" (ab Seite 184) unterscheiden. Hierbei gilt es auf jeden Fall immer, die Fleisch-Pattys richtig zu behandeln. Zum Beispiel sollte das Anschneiden in der Pfanne, ein Anpiksen oder zu starker Druck vermieden werden. Der gute Fleischsaft landet dabei meist in der Pfanne, anstatt im Fleisch-Patty zu verbleiben und für Saftigkeit zu sorgen.

Bei frischen, nicht gefrorenen Fleisch-Pattys gilt es vor allem, vor dem ersten Wenden die nötige Geduld zu haben. So entwickelt sich beim eher lockeren Hackfleisch durch das scharfe Anbraten eine Kruste, welche durch Röstaromen für den leckeren Geschmack des Fleisch-Pattys sorgt. Zusätzlich erhält das Fleisch-Patty durch diese Kruste aber auch die zum verlustfreien Wenden notwendige Stabilität. Ein Anbrennen oder besser gesagt Haftenbleiben des Hackfleisch-Pattys auf der möglichst heißen Oberfläche der Pfanne ist dabei ein

BCG-TIPP!

Wenn man für mehrere Personen Fleisch-Pattys zubereitet, kann man diese auch in der Pfanne einzeln nacheinander perfekt anbraten und anschließend im Ofen gemeinsam auf den Punkt zu Ende garen. Dabei kann man sich für jedes einzelne Fleisch-Patty Zeit nehmen. Ich schiebe meine Fleisch-Pattys zum Beispiel fortlaufend in der Pfanne im Kreis, damit maximale Röstaromen aufgenommen werden.

> **BCG-TIPP!**
>
> In Amerika, bekannt geworden durch den beliebten In-and-out-Burger, trifft man häufiger Fleisch-Pattys im sogenannten „Animal style" an. Bei diesen animalischen Burger-Pattys wird eine dünne Schicht Senf auf die ungebratene Burger-Patty-Seite aufgetragen und anschließend auf diese Seite gewendet. Gerade in der Kombination mit Smashed Pattys entsteht so eine ganz besondere Kruste. Im Idealfall ist der Senf mit dem Auge nicht mehr wahrnehmbar.

durchaus gewünschter Effekt. Hierbei läuft eine ganze Reihe von Reaktionen ab, welche der Lebensmittelchemiker unter dem Begriff der sogenannten Maillard-Reaktion zusammenfasst. Neben der farblichen Veränderung in Form einer Bräunung werden vor allem der Röstgeschmack und der Röstgeruch ausgebildet. Teilweise kommt es auch noch zu einer Karamellisierungsreaktion. Den perfekten Moment, um das Fleisch zu wenden, kann man mit seitlichem Schieben mit dem Pfannenwender oder durch vorsichtiges Anheben am Rand ermitteln, denn das Fleisch löst sich ab einem bestimmten Punkt von selbst von der Oberfläche. Mit ein wenig Übung entwickelt man schnell das notwendige Gefühl. Etwas feines Salz auf der Oberfläche der Fleisch-Pattys verstärkt die Krustenbildung zusätzlich und verändert dabei aber nicht den Eigengeschmack des Fleischs. Tiefgefrorene Burger-Pattys kann man im Prinzip genauso behandeln wie frische Burger-Pattys. Hilfreich ist jedoch, gerade am Anfang die Pattys öfter zu wenden, um das Verbiegen der Fleisch-Pattys zur Hitzeseite zu verhindern und ein möglichst gleichmäßiges Anbraten zu garantieren.

DER GRILL

Im Prinzip funktioniert das Burger-Patty-Braten auf dem Grill nicht anders als in der Pfanne. Bei geschlossener Grillfläche ist der Unterschied je nach Grillmodell minimal, hier muss man für sich selbst abwägen, ob sich der Aufwand lohnt. Die Verwendung eines Grills ist auf jeden Fall eine Möglichkeit, zusätzliche Röstaromen an das Burger-Patty zu bringen. Bei offenem Grillrost sollte man auf einen Rost mit geringen Abständen achten, weiche Burger-Pattys biegen ansonsten leicht durch und lassen sich dann kaum noch wenden. Ein Trick ist das Anfrieren der Burger-Pattys im Tiefkühlfach oder in der Tiefkühltruhe. Ideal ist beim Grillen ein gusseiserner Grillrost, um den Burger-Pattys bei hoher Temperatur ein tolles Branding zu verpassen. Neben der Funktion als Hitzequelle zum Anbraten eignen sich Grills auch, um etwas mehr Rauchgeschmack an das Fleisch zu bringen. Dazu regelt man den Grill nach dem Anbraten auf eine niedrigere Temperatur und gibt spezielle Holzchips hinzu, welche zu Rauch verqualmen. Hier gibt es von Hickoryholz bis Buchenholz im Grillfachhandel eine riesige Auswahl für zahlreiche Experimente.

KURIOSE PATTYS

SOFTSHELL-CRAB-PATTY

Softshell-Crab-Pattys gehören ohne Frage zu den kuriosesten Burger-Pattys! Es handelt sich dabei nicht um eine spezielle Krabbenart, sondern beispielsweise um Blaukrabben oder Strandkrabben, die kurz nach dem Wechsel ihres Panzers gefangen werden. Die neue Panzerschicht ist in den ersten Stunden butterweich, daher nennt man sie in Deutschland auch Butterkrebse. Man kann sie beim Fischhändler kaufen, nach eigenem Geschmack panieren und anschließend frittiert im Ganzen auf den Burger legen.

SUCUK-BURGER

Die sehr beliebte Sucukwurst besteht aus Rind- oder Kalbfleisch sowie Lammfleisch, Salz, Pfeffer und einigen typischen Gewürzen wie Kreuzkümmel und Knoblauch. Nach der Lufttrocknung wird Sucuk teilweise noch geräuchert. Die Wurst wird in Scheiben geschnitten und im Eigenfett angebraten – als Fleisch-Patty-Ersatz.

SLOPPY JOE

Bei Sloppy Joe handelt es sich um eine bei der US-Armee sehr beliebte Variante einer Hackfleischsoße, die üblicherweise mit Burger-Buns gegessen wird. Sloppy Joe ist eine Soße aus Rinderhackfleisch mit Worcestershiresoße, Zwiebeln, Tomaten und Gewürzen. Je nach Geschmack geht die Würze dabei Richtung Chili con Carne oder tomatiger Richtung Bolognese. In Amerika wird gerne Barbecuesoße für ein rauchigeres Aroma hinzugefügt.

FLEISCHFREIE PATTYS

Da wir uns in diesem Buch auf die Fleischzubereitung konzentrieren, werden wir die fleischfreien Optionen nur anreißen. Nichtsdestotrotz findet sich unter den Rezepten auch das eine oder andere vegetarische Gericht.

NICHT VERGESSEN!
Zu Fisch-Pattys passen besondere Soßen, die meist eine saure und/oder scharfe Note haben. Im Internet gibt es viele tolle Rezeptideen dazu.

FISCH-PATTYS

Man kann so gut wie jeden Fisch zu einem Fisch-Patty formen. Dazu hackt man den Fisch einfach klein, vermischt das Gehackte mit Mehl, Salz, Pfeffer und Knoblauchgranulat, bis es zu einer klebrigen Masse wird, und formt daraus ein Burger-Patty. Merke: Für 200 Gramm gehackten Fisch sollte man einen Esslöffel Mehl benutzen. Geschmacklich eignen sich besonders fetthaltige Fischsorten wie Lachs oder Thunfisch. Auch Shrimps machen sich sehr gut als fleischfreies Patty.

PORTOBELLOPILZ

Portobellopilze sind braune Riesenchampignons. Durch ihren herzhaften Geschmack und ihre zähe Konsistenz eignen sie sich hervorragend als Fleischersatz. Sie können roh oder mariniert gegrillt, gebraten oder paniert werden. Außerdem lassen sie sich leicht mit einer leckeren Füllung versehen, die durch überbackenen Käse verschlossen wird.

GEMÜSEBRATLINGE VEGGIE/VEGAN

Sie werden auch vegetarische Buletten genannt: Gemüsebratlinge. Diese Veggie- oder Vegan-Pattys bestehen aus verschiedenen gehackten oder pürierten Gemüsesorten, gemischt mit Bindemitteln. Du kannst so gut wie jedes Gemüse zu solch einem Patty formen. Besonders beliebt sind Mischungen aus Zwiebeln, Erbsen und Bohnen. Wichtig ist nur, dass du das gemischte Gemüse mit Mehl, verquirltem Ei, Haferflocken oder anderen Bindemitteln zu einer klebrigen Masse verrührst. So lassen sich Pattys formen, die in der Pfanne gebraten werden können.

TOFU

Natürlich darf Tofu als Patty nicht fehlen. Es ist denkbar einfach: Kaufe festen Tofu, gieße das Tofuwasser ab und mische den Tofu mit Gewürzen je nach Geschmack. Gut geeignet sind: Knoblauchgranulat, Paprikapulver, geriebener Ingwer, gehackte Petersilie, Muskat und Sojasoße. Für die richtige Konsistenz solltest du, bevor du den Tofu im Mixer zerkleinerst, noch etwas Semmelbrösel hinzufügen.

BESICHTIGUNG BEI DER SALOMON AG IN BERLIN

Am 24. Oktober 2015 trafen sich Marcel und Emil von der Burger-City-Guide-Crew mit Thomas Müller, dem Fleischbotschafter, am Berliner Großmarkt zu einer fleischigen Erkundungstour. Dennis Salomon von der Salomon AG hatte eingeladen, um unsere Fragen rund um das begehrte Burger-Fleisch und dessen Hintergründe zu beantworten. Die Berliner Crew kannte Dennis bereits von Burger-Workshops, die in enger Zusammenarbeit veranstaltet wurden. Neben den Fragen ging es uns auch darum, zu erfahren, wie so ein Fleischereibetrieb eigentlich funktioniert. Die Salomon AG wurde Anfang der 1980er-Jahre mit dem Fokus auf dem Vertrieb von Wurstwaren gegründet,und spezialisierte sich ab 2000 auf Wurst- und Fleischwaren. Seit 2012 ist die Salomon AG exklusiver Partner der Bäuerlichen Erzeugergemeinschaft Schwäbisch Hall. In dieser Erzeugergemeinschaft haben sich mehrere Bauernhöfe zusammengeschlossen, um gemeinsam stärker auftreten zu können und einheitliche Qualitätsstandards zu gewährleisten. Neben viel Freilauf und artgerechten Haltungsbedingungen bringt jeder Bauer persönlich seine Tiere zum gemeinsamen Erzeugerschlachthof in Schwäbisch Hall. Man setzt auf eine Zucht mit heimischen Rassen und heimischem Futter. Auf über 1.600 Quadratmetern arbeitet man nach modernsten Standards und strengsten Richtlinien. Dabei gilt die Maxime, den Bestand an gelagertem Fleisch so gering wie möglich zu halten. Nach der abendlichen Anlieferung wird sofort nachts zerlegt, verpackt und in den Morgenstunden bereits wieder ausgeliefert. Durch die Möglichkeit, die Ware so frisch anzubieten, konnte sich Salomon einen guten Ruf in ganz Berlin erarbeiten.

Sehr zu unserer Freude hatte Dennis Salomon angeboten, eine Rinderhälfte zu zerlegen, also ein Viertel plus ein Hinterviertel. Dabei erklärte er uns genau, welche Teile des Rindes perfekt zur Herstellung von Burger-Pattys geeignet sind und worauf es dabei überhaupt ankommt. Insbesondere das Vorderviertel des Rindes ist für die Herstellung von Burger-Pattys in der Gastronomie nicht zuletzt aus wirtschaftlichen Gründen sehr interessant. So gibt es hier gleich

Großproduktion geht auch anders: Bei Salomon werden über 90 Prozent des Tieres zu Fleischprodukten verwertet.

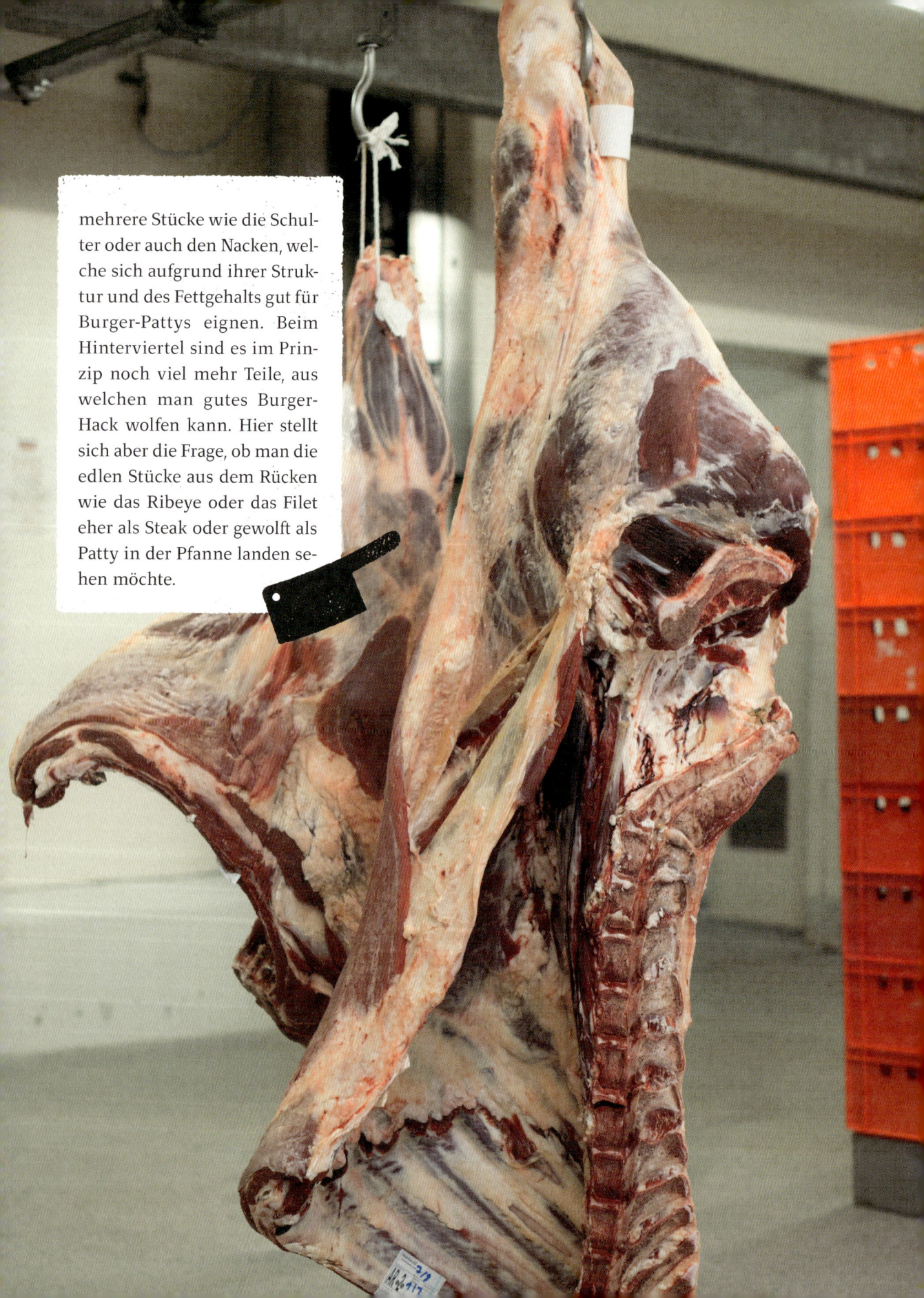

mehrere Stücke wie die Schulter oder auch den Nacken, welche sich aufgrund ihrer Struktur und des Fettgehalts gut für Burger-Pattys eignen. Beim Hinterviertel sind es im Prinzip noch viel mehr Teile, aus welchen man gutes Burger-Hack wolfen kann. Hier stellt sich aber die Frage, ob man die edlen Stücke aus dem Rücken wie das Ribeye oder das Filet eher als Steak oder gewolft als Patty in der Pfanne landen sehen möchte.

DAS VIERTE GEBOT
EHRE DEN BRATMEISTER, ER VERANTWORTET DIE GARSTUFE. VERHAUT ER ES, VERHAU IHN.

MINDESTENS GENAUSO WICHTIG WIE DAS FLEISCH IST DAS BUN, WAS WÖRTLICH ÜBERSETZT „KLEINES BROT" ODER „RUNDES BRÖTCHEN" HEISST. ES HAT ZWEI ELEMENTARE AUFGABEN ZU ERFÜLLEN:

Erstens muss es die Zutaten des Burgers in Form halten und die Soßen absorbieren können. Ein heißes, saftiges Patty und reichlich Belag können das falsche Brot schnell an seine Grenzen bringen. Und wer mag schon siffige Burger, die in der Hand zu schwammähnlichen Stücken zerfallen? Zweitens muss es den Burger geschmacklich unterstützen. Deshalb gibt es auch so viele Variationen, auf die wir später eingehen werden. So viel vorweg: Es muss nicht immer Brot sein.

Wer diese beiden Eigenschaften sucht, wird in aller Regel nicht im Supermarkt fündig. So ziemlich jeder, der dort schon einmal Buns gekauft hat, wird bestätigen können: Sie schmecken nach nichts und fallen nach dem ersten Bissen auseinander. Noch scheint sich der Durchschnittskunde mit den Buns aus dem Supermarkt zufriedenzugeben. Der wahre Burger-Liebhaber sucht jedoch vergeblich das passende „runde Brötchen", das seinem Patty und den leckeren Zutaten gerecht wird. Leider bieten Bäckereien bisher nur selten Buns an.

Puristen würden an dieser Stelle sicher auf die ersten Burger um 1900 verweisen, die noch auf Toastbrotscheiben serviert wurden, wie wir oben erfahren haben. Auch heute gibt es noch Burger-Buden, die auf richtige Buns verzichten – beispielsweise die kleine, drei Filialen in Berlin und Hamburg umfassende Kette „The Bird". Dort werden dicke, fettige Pattys auf kleine Toastys gepackt. Das ist Absicht, denn „The Bird" legt den Fokus stark auf das Fleisch. Bei Burger City Guide scheiden sich regelmäßig die Geister an dem Burger – entweder man liebt ihn oder man hasst ihn. Wir finden trotzdem, dass ein leckeres Bun ein Muss ist. Nicht immer muss das Traditionelle das Beste sein.

Wir haben uns also für dich schlau gemacht und uns angeschaut, was das perfekte Bun an Zutaten benötigt, um das Burger-Essen zu einem Erlebnis für den Mund und das Auge zu machen.

DAS PERFEKTE REZEPT

Die Zubereitung von Brotteig ist keine Raketenwissenschaft. Die ursprünglichen Grundzutaten sind Mehl, Wasser, Hefe und Salz. Das Mischungsverhältnis, kombiniert mit den Faktoren Zeit und Temperatur, macht das Brot. Das ist bei Burger-Buns auch nicht anders, es werden nur andere Zutaten verwendet. Schließlich muss ein Bun zusätzliche Eigenschaften aufweisen: Es muss einen leckeren, leicht süßlichen Eigengeschmack besitzen, fluffig, aber gleichzeitig stabil sein. Wir haben viele Rezepte ausprobiert, um das beste und gleichzeitig simpelste Rezept zu finden.

BUN-TRENDS

Neue Burger-Trends aus verschiedenen Kulturen können sich dank sozialer Medien in Windeseile weltweit verbreiten. Spätestens seitdem Burger King seine Kundinnen und Kunden mit schwarzen Buns verblüfft hat, ist auch dem Mainstream-Esser klar geworden, dass Buns auch anders aussehen können. Zweifelsohne kommen die meisten interessanten Trends aus dem asiatischen Raum. Buntes Brot ist nur die Spitze des Eisbergs.

Der Trend zu schwarzen Buns kommt aus Asien. Sie werden meist mit geschmacksneutraler Sepiatinte eingefärbt.

BUNTE BUNS

Schwarz, Rot, Pink oder sogar Blau – das sind nicht die neuen Saisonfarben auf den Laufstegen von Mailand und Paris, sondern häufig vorkommende Bun-Farben. Wie man zu solch außergewöhnlichen Buns kommt, ist kein Hexenwerk und ändert geschmacklich am Bun-Teig nichts. Ein paar Tropfen handelsübliche Lebensmittelfarbe verwandeln deine Buns in Windeseile in bunte Brötchen, die für das Auge ein echtes Highlight sind. Die Lebensmittelfarbe fügt man während des Knetvorgangs (Schritt 2 der Anleitung) zum Teig hinzu. Die Farbintensität kann man dabei selbst bestimmen, indem man je nach Farbwunsch entweder ein paar Tropfen mehr oder weniger Lebensmittelfarbe einknetet.

Bei schwarz eingefärbten Buns gibt es eine Besonderheit. Man kann sie natürlich ganz einfach mit schwarzer Lebensmittelfarbe einfärben – allerdings wird in

DAS PERFEKTE BURGER-BUN

DU BRAUCHST:

FÜR 8 BUNS:

330 g Mehl Type 550

15 g Zucker

1 Ei

5 g Salz

½ Würfel Frischhefe (21 g) oder
1 Packung Trockenhefe (7 g)

180 g Milch (mind. 3,5 % Fettanteil)

40 g Butter

Schuss Olivenöl

ZUM BESTREICHEN DER BUNS:

1 Ei

50 ml Wasser

Prise Salz

1. 70 Prozent des Mehls (230 g), Zucker, Ei und Salz verrühren. Die Hefe in warmer (nicht heißer!) Milch auflösen. Butter in der Pfanne erhitzen und zur Mehlmischung schütten. Den Hefevorteig ebenfalls dazugeben und das Ganze mit einem Schneebesen verrühren.
2. Teig in der Küchenmaschine 10 Min. kneten. Währenddessen den Rest des Mehls portionsweise dazugeben. (Die Teigzubereitung geht auch per Hand, ohne Küchenmaschine dauert das aber mehr als ½ Std. und ist ziemlich anstrengend.) Der Teig ist fertig, sobald er weich, elastisch und leicht klebrig ist. Er sollte nicht an den Fingern kleben bleiben.
3. Den Teig mit etwas Olivenöl bestreichen, mit Frischhaltefolie abdecken und an einem warmen Ort mindestens 1 Std. lang gehen lassen, bis er das *doppelte* Volumen hat. Im Sommer die Teigschüssel dazu in die Sonne stellen, im Winter in den Ofen bei 40 °C Ober- und Unterhitze und die Klappe etwas geöffnet lassen (Kochlöffel in die Tür klemmen).
4. Den Teig auf einer leicht bemehlten und trockenen Arbeitsplatte ausrollen und mit den Händen zu einem Rechteck zurechtziehen.
5. In 8 gleich große Stücke teilen und runde, flache Buns daraus formen. Die Buns auf einem mit Silikon-Backmatte oder Backpapier ausgelegten Backblech gleichmäßig anordnen, mit etwas Mehl bestäuben und nochmals mit den Fingern etwas plattdrücken.
6. Backblech mit Frischhaltefolie bedecken und Teiglinge 1 weitere Std. ruhen lassen, bis sie etwa doppelt so groß sind.
7. Ofen auf 200 °C vorheizen. In einer kleinen Schüssel Ei mit Wasser und Salz verquirlen und mit einem Pinsel die obere Hälfte der Buns mit der Eimischung bestreichen. So werden die Buns schön goldgelb. Wer mag, kann sie mit Sesamsamen bestreuen.
8. Die Buns nun auf der mittleren Schiene bei 200 °C Ober-/Unterhitze für 12 Min. in den Backofen geben.

Voilà! Nach etwas über 2 Std. hast du ausgezeichnete Burger-Buns, die denen im Supermarkt um Welten überlegen sind.

vielen Restaurants, die die gruselig aussehenden schwarzen Burger anbieten, gerne auch variiert: Der klassische Burger mit Fleischpatty wird zu einem Pulpo- beziehungsweise Sepiaburger. Eingefärbt wird das Bun dann, wie der Name schon sagt, mit Sepiatinte. Aber keine Sorge! Das Bun schmeckt nach dem Einfärben mit der Tintenfischtinte keineswegs nach Tintenfisch. Sepia ist ein natürlicher Farbstoff, der sehr ergiebig und absolut geschmacksneutral ist. Viele kennen zum Beispiel mit Sepiatinte schwarz eingefärbte Pasta als süditalienische Spezialität. Allerdings bekommt man die Sepiatinte bisher nicht einfach in jedem Supermarkt. Bei Fischhändlern wird man eher fündig. Wem das zu viel Aufwand ist, der sollte einfach auf die „normale" schwarze Lebensmittelfarbe zurückgreifen.

RAMEN-BUNS

Wer einen Hang zum Asiatischen hat, sollte unbedingt einmal einen Ramen-Burger ausprobieren – USA meets Japan. Dabei sind vor allem Kreativität und der eigene Geschmack gefragt.

Das Prinzip dieses Burgers ist die Verwendung von asiatischen Ramen-Nudeln statt der klassischen Bun-Variante. Man nehme eine Packung Ramen-Nudeln und koche sie nach Packungsanleitung. Anschließend gießt man sie ab, schreckt sie mit kaltem Wasser ab und lässt sie auskühlen. Hinzugefügt wird dann ein mit Salz und Pfeffer verquirltes Ei. Nun die kalten, mit dem Ei vermengten Nudeln auf Frischhaltefolie in eine entsprechende Form bringen (am besten und einfachsten funktioniert das mit einer Pattypresse), für zwei Stunden in den Gefrierschrank stellen und anschließend einfach in einer beschichteten Pfanne mit ein wenig Öl knusprig braten – und schon ist dein asiatisches Bun fertig.

Dieses Grundrezept kann man nach eigenem Gutdünken variieren und beispielsweise Soja- oder Teriyakisoße zu den Nudeln geben oder aber auch die Nudel-Buns nicht in klassischem Öl, sondern in Sesamöl knusprig braten, um dem Burger noch mehr asiatischen Geschmack zu verleihen. Selbstverständlich steht es dir frei, den Belag entsprechend anzupassen und anstatt Salat Pak Choi zu nehmen, asiatische Soßen zu verwenden und dem Burger den letzten Kick mit ein wenig Wasabi zu verpassen.

Ramen-Buns sehen kompliziert aus, sind es aber nicht. Einfach Instantnudeln aufkochen, mit einem Ei verquirlen, dann zwischen zwei Gläserböden in Form pressen und anbraten.

BAO-BUN

DU BRAUCHST:

FÜR 6 BUNS:

300 g Mehl Type 550

10 g Frischhefe

100 ml Wasser

50 g Milch

1 TL Zucker

½ TL Salz

1 Blatt Backpapier, in 12 Rechtecke geschnitten

1. Aus 100 g Mehl, Hefe und 100 ml warmem Wasser einen Vorteig rühren.
2. Den Vorteig an einem warmen Ort ca. 30 Min. gehen lassen, bis er Blasen wirft und sein Volumen vergrößert hat.
3. Vorteig mit restlichem Mehl und leicht erwärmter Milch, Zucker und Salz vermischen. Den Teig so lange kneten, bis er glatt ist und seidig glänzt.
4. Den Teig erneut an einem warmen Ort ca. 1 Std. gehen lassen, bis er sein Volumen verdoppelt hat.
5. Den Teig nochmals kräftig durchkneten und in 6 gleich große Portionen teilen.
6. Die Teigstücke zu länglichen Brötchen formen, dann mit dem Nudelholz zu Zungen walzen. Die Zungen in der Mitte zusammenklappen, dabei ein Stück Backpapier dazwischenlegen, damit sie nicht aneinanderkleben.
7. Die Teigtaschen auf ein weiteres Stück Backpapier legen und abgedeckt noch einmal 1 Std. bei warmer Raumtemperatur gehen lassen.
8. Jetzt kommt der wichtigste Teil: das Dämpfen des Teigs. Wer keinen Dämpfer hat, muss improvisieren. Die einfachste Dämpfmethode: In einem großen Topf oder Wok Wasser zum Kochen bringen, ein sauberes Küchentuch darüberspannen, die Brötchen mit Backpapier (so bleiben sie nicht am Tuch kleben) auf das Tuch setzen – achte auf genügend Abstand zwischen den Brötchen, die Klößchen gehen nämlich ordentlich auf! – und den Topf mit einer großen Schüssel abdecken.
9. Die Buns müssen ca. 15 Min. im Dampf garen, dann sind sie fertig.

GEDÄMPFTE BAO-BUNS

In die Kategorie der asiatisch angehauchten Burger-Buns fallen auch die gedämpften Bao-Brötchen – das klingt exotisch, ist aber tatsächlich eigentlich nichts anderes als ein weicher, glatter, gedämpfter Hefekloß, der im asiatischen Raum mit vielerlei asiatischen Kräutern und verschiedenen Fleischvariationen gefüllt eine Hauptspeise darstellt, im Gegensatz zu der klassischen süßen deutschen Nachspeise mit Heidelbeerkompott.

BRIOCHE-BUNS

Besonderer Beliebtheit unter den Burger-Liebhabern erfreuen sich neuerdings die sogenannten Brioche-Buns. Der Unterschied dieser Buns zu den klassischen, aus Hefeteig hergestellten Burger-Brötchen ist, dass die Basis des Kunstwerks vor allem viel Butter ist und die Buns eine dezente Süße haben – und sich somit am nächsten Tag auch noch sehr gut für den morgendlichen Marmeladenaufstrich eignen. Diese buttrigen, sehr fluffigen und leicht süßlichen Buns nehmen die Soßen des Burgers perfekt auf und verleihen ihm ihre ganz eigene Note. Häufig verwendet wird das Brioche-Bun für weihnachtliche Burger mit Entenfleisch und Rotkohl, da es die perfekte Ergänzung zu den weihnachtlichen Soßen ist.

LOW-CARB-BUNS

Im heutigen Zeitalter des Fitnesswahns sind unter den Sportbegeisterten handelsübliche Buns aus Mehl ein absolutes No-Go. Auch für die „nur" Körperbewussten gibt es jedoch mittlerweile eine Vielzahl an Bun-Rezepten für kohlenhydratarme, wenn nicht sogar kohlenhydratfreie Buns.
Eine Low-Carb-Variante sind die „Oopsies", auch Wolkenbrötchen genannt, die wenig Kohlenhydrate enthalten. Zugleich sind sie glutenfrei und auch für Vegetarier geeignet. Doch Achtung! Wer hier auch Brötchengeschmack erwartet, wird enttäuscht werden. Low Carb bedeutet nun einmal auch Einbußen, wenn es um den typischen Brot- beziehungsweise Burger-Brötchengeschmack geht.

BRIOCHE-BUN

DU BRAUCHST:

FÜR 8 BUNS :

3 EL warme Milch

200 ml warmes Wasser

1 Hefewürfel oder
2 Päckchen Trockenhefe

2½ EL Zucker

2 Eier (Größe M)

425 g Mehl Type 550

60 g Mehl Type 405

1½ TL Salz

80 g weiche Butter

evtl. Sesam zum Bestreuen

1. Milch, Wasser, Zucker und Hefe in einer Schüssel miteinander verrühren und anschließend ca. 15 Min. stehen lassen.
2. In der Zwischenzeit Ei verquirlen. Salz und Mehl vermischen, die Butter dazugeben und das Ganze so lange kneten, bis kleine Krumen entstehen.
3. Nun die Hefemischung und das aufgeschlagene Ei untermischen, bis der Teig klumpt. Alles ca. 10 Min. durchkneten, bis er einen seidigen Glanz hat. Jetzt den Teig mit einem Küchentuch abgedeckt an einem warmen Ort ca. 1 Std. gehen lassen.
4. Aus der Teigmasse 8 gleich große Brötchen formen. Die Teiglinge kommen nun auf ein mit Backpapier ausgelegtes Backblech und sollen noch einmal 1 Std. gehen.
5. Den Ofen auf ca. 200 °C vorheizen und eine feuerfeste Form mit Wasser auf den Boden des Ofens stellen.
6. 1 EL Wasser mit dem zweiten Ei verquirlen, Buns mit der Eimischung bestreichen und je nach Geschmack mit Sesam bestreuen.
Die Brioche-Buns müssen ca. 15 Min. backen, bis sie goldbraun sind. Auskühlen lassen.

LOW-CARB-BUN

DU BRAUCHST:

FÜR 4 BUNS:

3 Eier

1 TL Backpulver bzw. Natron

100 g Frischkäse

Salz und Pfeffer

evtl. Sesam zum Bestreuen

1. Eier trennen und das Eiweiß mit einer Prise Salz sehr steif schlagen. Dasc Eigelb mit Schneebesen oder in der Küchenmaschine aufschlagen, bis es cremig hell ist.
2. Backpulver und Frischkäse (man kann auch Quark verwenden) unterheben und die Masse mit Salz und Pfeffer je nach Geschmack würzen.
3. Nun das geschlagene Eiweiß sehr vorsichtig unterheben – am besten so vermengen, dass vom Eiweißschnee noch etwas zu sehen ist.
4. Auf ein mit Backpapier ausgelegtes Backblech ca. 2 cm dicke runde Teigportionen mit genügend Abstand zueinander legen. Mit Sesam bestreuen. Die Low-Carb-Buns im vorgeheizten Backofen bei 160 °C Umluft ungefähr 15-20 Min. backen, bis sie goldgelb sind. Vorsicht, zwar gehen die Buns im Ofen rasch auf, jedoch fallen sie danach auch schnell wieder zusammen.

POTATO ROLLS

DU BRAUCHST:

FÜR 8 BUNS:

200 g mehlige Kartoffeln

1 TL Butter

4 EL Milch

1 Prise Salz

1 Prise Muskat

200 g Schmand

2 Eier

2 EL Zucker

2 EL Olivenöl

450 g Mehl Type 550

1 Päckchen Trockenhefe

1. Geschälte Kartoffeln für 20 Min. abgedeckt in Salzwasser kochen lassen. Danach abgießen.
2. Kartoffeln mit 1 TL Butter und 2 EL Milch in einer Schüssel zu einem cremigen Püree stampfen und mit Salz und Muskat abschmecken.
3. 200 g Schmand, 1 Ei, 2 EL Zucker, 2 EL Öl und eine Prise Salz zum Kartoffelpüree geben und gut verrühren. In einer zweiten Schüssel die Trockenhefe mit 200 g Mehl ordentlich vermischen und portionsweise mit einem Schneebesen unter das Püree rühren.
4. In der Küchenmaschine das Püree unter häppchenweiser Zugabe der restlichen 250 g Mehl ca. 10 Min. lang kneten. Wenn der Teig klümpchenfrei, elastisch und leicht klebrig ist, aber nicht an den Fingern kleben bleibt, weitere 5 Min. mit den Händen kneten.
5. Teig zugedeckt für 45-60 Min. an einem warmen Ort aufgehen lassen. Der einen Spalt geöffnete, auf 40 °C erwärmte Backofen eignet sich dazu hervorragend. Der Teig ist fertig, wenn er das doppelte Volumen erreicht hat.
6. Den Teig auf einer bemehlten Arbeitsfläche glattkneten und 8 gleich große, runde Stücke daraus formen. Die Teiglinge auf ein mit Silikonmatte oder Backpapier bedecktes Backblech legen, mit einem Küchentuch abdecken und nochmals 30 Min. gehen lassen.
Den Ofen auf 200 °C Ober- und Unterhitze vorheizen. Die Teiglinge sollen nochmals auf das doppelte Volumen aufgehen.
7. 2 EL Milch und 1 Ei verquirlen und die obere Hälfte der Teiglinge damit bestreichen.
8. Im Ofen 15-20 Min. backen, bis die Potato Rolls goldbraun sind.

Da Tims keine Konservierungsstoffe verwendet, kann die Firma ihre Buns leider nicht deutschlandweit liefern. Wer in Berlin wohnt, kann direkt aus der Fabrik Buns beziehen. Sie arbeitet zurzeit an einer Lösung – ein Blick auf die Website lohnt auf alle Fälle.

BÄCKEREI-AUSFLUG

Einige der besten Burger-Läden in Berlin haben etwas gemeinsam: Sie beziehen ihre Buns von Tims Kanadische Backwaren. Das hat einen einfachen Grund: Die Burger-Brötchen des charismatischen gebürtigen Kanadiers Tim schmecken phänomenal. Kein Wunder, er ist in einer backverliebten Familie in einer ländlichen Gegend nahe Toronto aufgewachsen. Seine Mutter weckte schon früh seine Leidenschaft für das Backen. Unter Verwendung ihrer Rezepte für Muffins gründete der Werbefachmann 1994 die Firma, nachdem Freunde von seinen Backwaren begeistert waren und ihm zum kommerziellen Verkauf rieten. Noch heute schmückt ein Bild seiner Mutter alle Verpackungen von Tims Backwaren.

Massenproduktion ohne Qualitätsverlust: Beim Mittelstandsunternehmen Tims machen sich die Bäckermeister frühmorgens an die Arbeit und schicken die Brötchen mittags noch warm an die Kunden.

Typisch deutsch: Als Tim anfing, versuchten die Behörden, ihm wegen fehlender Papiere einen Strich durch die Rechnung zu machen. Es kam zu einer Anhörung, zu der Tim einen Korb mit seinen Backwaren mitbrachte. Für Ausländer war es damals nicht einfach, eine Firma zu gründen, da das Amt keine Konkurrenz von außen für den heimischen Markt zulassen wollte. Nach einem Kreuzverhör baten die Beamten Tim, den Raum zu verlassen, um sich zu besprechen. Eine halbe Stunde später riefen sie ihn zur Ergebnisverkündung wieder herein – der Korb war leer gegessen und sein Geschäft bewilligt. Laut offizieller Begründung waren jedoch nicht seine köstlichen Backwaren ausschlaggebend, sondern seine Spezialisierung als Hersteller von Muffins – es gab damals keinen anderen Bäcker mit dieser Spezialisierung in Berlin, somit stellte er keine Konkurrenz für deutsche Kollegen dar.

Das Geheimnis: Tims ist trotz der immensen Zahl an Aufträgen noch eine Manufaktur. Alle Zutaten, die von Tim verarbeitet werden, sind hochqualitativ und handverlesen. Die Buns werden je nach Bestellvolumen in der Nacht gebacken und verlassen die Bäckerei am Vormittag, wenn sie noch ganz frisch sind. Wir haben außerdem die besondere Zutat herausgefunden, die Tims Buns ihren einzigartigen Geschmack verleiht: Kartoffeln. Sie geben dem Bun eine ganz tolle Süße und noch mehr Stabilität, ohne es hart zu machen. In den USA heißen solche Buns auch Potato Rolls.

DER BEGRIFF STAMMT VOM LATEINISCHEN „SALSA" AB, WAS „GESALZENE BRÜHE" BEDEUTET.

Es ist irrelevant, ob die Soße zur Verfeinerung von Fisch, Fleisch oder Gemüse dient. Sinn und Zweck der Soße ist es entweder, geschmacklich einen Kontrast zu bilden oder aber das Gericht abzurunden und zu perfektionieren. Oft sind Soßen neben ihrer geschmacklichen Komponente zudem sogar verdauungsfördernd und appetitanregend. Die Basis einer Soße bilden meistens Flüssigkeiten wie aufgesetze Fonds, die man beliebig variieren kann (Fisch-, Fleisch- oder Wildfonds), aber auch Milcherzeugnisse. Um das Ganze aus einer Flüssigkeit in eine schöne cremige Masse zu verwandeln, muss die Basis angedickt werden. Hierfür verwendet man häufig Mehl, Stärke oder Ei.

Ein gutes Patty und ein fluffiges Burger-Brötchen sind das A und O eines guten Burgers. Das i-Tüpfelchen ist und bleibt aber auch hier die Soße! Ob man nun die klassische Variante wählt und sich für Ketchup, Mayo, Senf und/oder Barbecuesoße entscheidet oder aber etwas Exotischeres wagt, ist dabei selbstverständlich jedem selbst überlassen. Eines bleibt dabei aber klar: Der selbst gemachte Burger ist nur halb so gut, wenn man sich bei der Burger-Soße keine Mühe gibt – nicht umsonst wird in der Küchenbrigade die Position des Sauciers meist mit dem erfahrensten Koch besetzt.

Die klassischste Variante, um seinem Burger den letzten Schliff zu verpassen, ist Ketchup und Mayonnaise. Klar, man kann natürlich zur Fertigsoße greifen, doch auch Ketchup und Mayonnaise lassen sich einfach selbst herstellen und vollenden den selbst gemachten Burger.

Mittlerweile beschränkt sich die Welt der Burger nicht nur auf die Klassiker Hamburger, Cheeseburger und Barbecueburger. Im Zeitalter des Internets und der multikulturellen Küche, das wundervolle neue Variationsmöglichkeiten eröffnet, findet man immer mehr kreative Rezepte und dementsprechend auch abwechslungsreiche Soßen, die man je nach Fleisch-, Fisch- oder Veggiebelag zur Vollendung des perfekten Burgers verwenden kann.

Dem erfahrenen Burger-Liebhaber wird die eine oder andere Soße bestimmt schon über den Weg gelaufen sein. Wir zeigen dir auf den folgenden Seiten, wie du auch zu Hause zu einem aufregenden neuen Gaumenerlebnis kommst.

KETCHUP

KETCHUP IST EINE WÜRZSOßE, DIE AUS TOMATEN, ESSIG, ZUCKER, SALZ UND GEWÜRZEN BESTEHT. DIE ZUBEREITUNG IST EIGENTLICH RELATIV SIMPEL. MAN HAT SICH NUR SCHON SO AN DIE FERTIGVERSIONEN DIVERSER HERSTELLER GEWÖHNT, DASS MAN GAR NICHT AUF DIE IDEE KOMMEN WÜRDE, SICH HINZUSETZEN UND ES WIRKLICH SELBST ZU VERSUCHEN.

DU BRAUCHST:

2 kg Tomaten
250 g rote Zwiebeln, gehackt
1 EL Salz
100 g Zucker
4 EL Weinessig
1 TL frisch gemahlenen weißen Pfeffer
1 TL gemahlene Senfkörner
½ TL Ingwerpulver
½ TL gemahlener Piment

1. Die Tomaten waschen, den Stielansatz entfernen und die Tomaten in Stücke schneiden – schälen ist nicht notwendig.
2. Tomaten, Zwiebeln, Salz, Zucker und Essig in einen großen Topf geben und ca. 45 Min. köcheln lassen.
3. Die Masse durch ein Sieb streichen. Das Tomatenmark zurück in den Topf geben und ohne Abdeckung kochen lassen, bis es dickflüssig ist. Mit den Gewürzen abschmecken und in heiß gespülte Flaschen mit weitem Hals füllen. Sofort heiß verschließen.
Natürlich kann man nach Lust und Laune Gewürze wie Chili oder Currypulver hinzufügen. Wie dicklich der Ketchup wird, hängt stark von den verwendeten Tomaten ab – sollte die Soße auch nach langem Einkochen nicht die gewünschte Konsistenz erreichen, kann man sie mit ein wenig Speisestärke binden.

MAYONNAISE

DAS GLEICHE GILT NATÜRLICH AUCH FÜR MAYONNAISE – ANGEBLICH SOLL ES HIER JEDOCH SCHWIERIGER SEIN, DIE PERFEKTE KONSISTENZ ZU ERREICHEN. MIT UNSEREM REZEPT WIRD EUCH DIE MAYONNAISE ABER AUF JEDEN FALL GELINGEN.

BCG-TIPP
Wenn es mal schnell gehen muss, schmecken die Mayonnaisen von Miracel Whip, Thomy oder Knorr auch sehr gut.

DU BRAUCHST:

1 Ei
1-1½ TL mittelscharfen Senf
1 Prise Salz
1 Prise Pfeffer
1 gestrichenen TL Zucker
Saft von ¼ Zitrone
150 ml Sonnenblumen- oder Rapsöl
evtl. Trüffelöl

1. Das Ei in einem hohen Gefäß mit einer Gabel verquirlen. Senf, Salz, Pfeffer, Zucker, Zitronensaft und Öl hinzugeben.
2. Den Stabmixer auf den Boden des Gefäßes stellen und einschalten. Die Masse so lange mixen, bis sie nicht mehr dicker wird und sich nicht mehr weiter vermischt.
3. Nun den Stabmixer langsam nach oben ziehen, um das oben verbliebene restliche Öl ebenfalls unterzumengen. Wenn alles Öl eingearbeitet ist, ist die Mayonnaise fertig.
4. Nach Geschmack mit Salz, Pfeffer, Zucker oder Zitronensaft nachwürzen.

VARIANTE: TRÜFFEL-MAYONNAISE

Gib etwas Trüffelöl in die Mayonnaise und dazu noch etwas Salz und Pfeffer sowie 1 EL frischen Zitronensaft und verrühre das Ganze gut miteinander.

SENF

DU BRAUCHST:

200 g Senfsamen oder Senfmehl

200 g Zucker

400 ml Wasser

75 ml Essigessenz

2 TL Salz

1-2 TL Zucker

1 kleine Zwiebel, grob gewürfelt

1 Lorbeerblatt

2 Nelken

5 Pfefferkörner

2 Knoblauchzehen

2 Wacholderbeeren, nach Bedarf

1. Die Senfsamen mit dem Mörser oder einer Kaffeemühle zu Pulver verarbeiten (entfällt bei Senfmehl), danach mit dem Zucker mischen.
2. Das Wasser mit dem Essig und den Gewürzen in einen Topf geben, aufkochen lassen und dann bei niedriger Temperatur ca. 5 Min. ziehen lassen.
3. Den Sud durch ein Sieb in eine Schüssel gießen und nach und nach mit der Senf-Zucker-Mischung verrühren.
4. Den fertigen Senf in Gläser abfüllen.

BARBECUESOßE

ZUR BARBECUESOßE GIBT ES VIELES ZU SAGEN. SIE IST EINE DER KLASSISCHEN BURGER-SOßEN. ABER BARBECUESOßE IST NICHT GLEICH BARBECUESOßE – UND DESHALB HABEN WIR EUCH EINE KLEINE AUSWAHL AN REZEPTEN ZUSAMMENGESTELLT, SODASS IHR NACH HERZENSLUST AUS DEN EINZELNEN VARIANTEN AUSWÄHLEN KÖNNT.

DU BRAUCHST:

0,5 l Coca-Cola

0,5 l Ketchup (am besten selbst gemacht, S.72)

½ Knoblauchzehe

2 TL grobes Meersalz

1 TL Piment

4 cl Portwein

evtl. 1 Schuss weißen Balsamicoessig

evtl. zusätzlich 50-100 ml Wasser

FÜR DIE „HOT"-VARIANTE:

2 TL getrocknete, mit Kernen geschrotete Chilischoten

1 TL fein gewürfelte, getrocknete Zitronenschale

FÜR DIE „SMOKY"-VARIANTE:

2 TL Rauchsalz (Hickory)

1 TL rosa Pfefferbeeren

1 Prise schwarzen Pfeffer

FÜR DIE „WHISKEY"-VARIANTE:

1 cl irischen oder amerikanischen Whiskey

1 TL grünen Pfeffer

BARBECUE-GRUNDREZEPT

1. Die Cola in einer Stielkasserolle oder einem weiten Topf aufsetzen und auf rund $\frac{1}{5}$ der Menge (also 100 ml) langsam einkochen. Dies dauert je nach Herd ca. 30 Min.
2. Die Reduktion leicht abkühlen lassen und den Ketchup hinzufügen. Knoblauch, Salz und Piment zugeben und vorsichtig aufkochen. Immer wieder umrühren.
Abschmecken und ggf. mit weißem Balsamicoessig nachsäuern, Portwein zugeben. Ggf. noch mit etwas Wasser strecken, wenn die Soße schon zu dick wird. Diese Basissoße auf drei Töpfe mit jeweils ca. 240-250 ml verteilen.

VARIANTE „HOT":

Die Soße im Topf erwärmen. Chili und Zitronenschale zugeben. Langsam aufkochen, abschmecken. Nach Belieben mit Chili nachwürzen, dabei regelmäßig rühren. In ein steril abgekochtes Glas abfüllen, verschließen und Glas ca. 10-30 Min. auf den Kopf stellen.

VARIANTE „SMOKY":

Die Soße im Topf erwärmen. Rauchsalz, Pfefferbeeren und Pfeffer zugeben. Langsam aufkochen, abschmecken. Nach Belieben mit Rauchsalz nachwürzen, dabei regelmäßig rühren. In ein steril abgekochtes Glas abfüllen, verschließen und Glas ca. 10-30 Min. auf den Kopf stellen.

VARIANTE „WHISKEY":

Die Pfefferkörner am besten schon am Tag vorher in den Whiskey einlegen. Die Soße im Topf erwärmen. Grünen Pfeffer und Whiskey hinzugeben. Langsam aufkochen, abschmecken. Nach Belieben mit Whiskey nachwürzen, dabei regelmäßig rühren. In ein steril abgekochtes Glas abfüllen, verschließen und Glas ca. 10-30 Min. auf den Kopf stellen.

BURGER-LEXIKON 75

GUACAMOLE

GANZ VORNE IN DER RANGLISTE DER AUSGEFALLENEN BURGER-SOßEN FINDET SICH DIE MEXIKANISCH ANGEHAUCHTE GUACAMOLE. INZWISCHEN KÖNNTE MAN SOGAR FAST SCHON DAZU TENDIEREN, DIESE VARIATION IN DIE KATEGORIE DER „KLASSISCHEN" SOßEN EINZUORDNEN. GUCAMOLE IST EIN AVOCADO-DIP, DER IM MEXIKANISCHEN RAUM BESONDERS GERN MIT TORTILLACHIPS GEGESSEN WIRD.

DU BRAUCHST:

2 reife Avocados

2 sehr fein gewürfelte Tomaten

1 Zitrone oder
2 kleine Limetten, ausgepresst

2 Knoblauchzehen, gepresst

1 EL Naturjoghurt
(wahlweise auch Mayonnaise)

Salz

schwarzen Pfeffer oder Chiliflocken

1. Die Avocados halbieren, den Kern entfernen. Mit einem Löffel das Fruchtfleisch herauslösen und mit einer Gabel zu feinem Mus zerdrücken.
2. Die Tomatenwürfel, Zitronen- bzw. Limettensaft, Knoblauch und Joghurt dazugeben und alles miteinander verrühren. Mit Salz, Pfeffer und Chiliflocken abschmecken.

PESTO

PESTO STAMMT AUS DER ITALIENISCHEN KÜCHE UND WIRD EIGENTLICH ZU NUDELN GEREICHT, PASST ABER AUCH SEHR GUT ZU EINEM ITALIENISCHEN FILET-BURGER.

DU BRAUCHST:

1 Bund Basilikum
3 Knoblauchzehen
40 g geriebenen Parmesan
25 g Walnüsse
125 ml Olivenöl
½ TL Salz
½ TL schwarzen Pfeffer
½ TL Zucker

1. Alle Zutaten im Mixer zerkleinern – schon ist das Pesto fertig.
2. Man kann es natürlich auf verschiedenste Arten und Weisen variieren, indem man statt Walnüssen z. B. Pinienkerne dazugibt, es mit Zitronensaft und/oder Chili verfeinert oder andere Kräuter hinzufügt.

BURGER-LEXIKON 77

MANGO-CHUTNEY

WER ES GERNE EIN WENIG SÜßLICH MAG, KOMMT MIT EINEM MANGO-CHUTNEY VOLL AUF SEINE KOSTEN. DIESE AUS DER INDISCHEN KÜCHE STAMMENDE SOßE PASST SEHR GUT ZU BURGERN MIT FISCH ODER GARNELEN.

DU BRAUCHST:

2 reife Mangos
2 rote Zwiebeln
1 walnussgroßes Stück Ingwer
¼ Chilischote
2 EL Weißweinessig
Saft von 1 Limette
2 EL Zucker
Currypulver
Salz und Pfeffer

1. Mangos, Zwiebeln und Ingwer schälen. Zwiebeln fein würfeln. Mangos in grobe Würfel schneiden. Chilischote längs halbieren, Kerne entfernen und Schote fein hacken.
2. Essig, Limettensaft und Zucker in einem Topf erhitzen. Mangos, Zwiebeln und Chili zugeben. Ingwer durch eine Knoblauchpresse ins Mango-Chutney pressen. Mango-Chutney 5-10 Min. köcheln lassen. Mit Curry, Salz und Pfeffer abschmecken.
3. Das Chutney sofort in mit kochendem Wasser ausgespülte Marmeladengläser füllen. Gläser verschließen und umgedreht auskühlen lassen.

WASABI-MAYO

JEDER, DER SUSHI MAG, KENNT DIE DAZU GEREICHTE SCHARFE WASABI-PASTE. MAN KANN NATÜRLICH AUF DIE IDEE KOMMEN, SICH DIESE PASTE EINFACH PUR AUF DAS BUN ZU SCHMIEREN. WEM DAS ALLERDINGS DOCH EINE SPUR ZU SCHARF SEIN SOLLTE, DER KANN SEINEN ASIATISCHEN BURGER MIT VERSCHIEDENEN WASABI-KREATIONEN BESTREICHEN, DIE NICHT GANZ SO BRENNEN.

DU BRAUCHST:

2 Eigelb
1 EL Dijonsenf
250 ml Sonnenblumenöl
1 EL Crème fraîche
Saft von ½ Zitrone
2 TL Wasabi
1 EL Sojasoße
1 Spritzer Erdnussöl
1 Prise Salz und Pfeffer
evtl. Ingwer nach Bedarf

1. Das Eigelb mit dem Senf verrühren.
2. Das Öl langsam in einem dünnen Strahl unter Rühren mit einem Schneebesen dazugeben.
3. Crème fraîche, Zitronensaft, Wasabi, Sojasoße und Erdnussöl dazugeben und gut verrühren. Mit Salz und Pfeffer abschmecken.
4. Wer den Geschmack von Ingwer mag, kann auch ein wenig frischen fein geriebenen Ingwer untermischen.

WASABI-KETCHUP

DU BRAUCHST:

1 Tasse Ketchup
(am besten selbst gemacht, S.72)
4 TL Sojasoße
2 TL Wasabi

Einfach alle Zutaten miteinander verrühren.

ROTWEIN-SCHALOTTEN-BUTTERSOSSE

GERADE ZUR WEIHNACHTSZEIT BIETEN SICH BURGER-VARIATIONEN MIT ENTE UND ROTKOHL BESONDERS AN. HIERZU PASST DIE ROTWEIN-SCHALOTTEN-BUTTERSOSSE HERVORRAGEND. SEHR GUT SCHMECKT DIE SOSSE AUCH ZU EINEM NORMALEN PATTY UND GÄNSESTOPFLEBER.

DU BRAUCHST:

- 20 g Zucker
- 2 rote Zwiebeln
- 250 ml kräftigen Rotwein
- 250 ml roten Portwein
- 1 Zweig Thymian
- 4 cl Marsalawein
- 40 g Zucker
- 200 ml Rotwein
- 8 cl roten Portwein
- ½ Stange Zimt
- 3 Zweige Thymian
- 8 Nelken
- 400 g klein geschnittene geschälte Schalotten
- 50 g Butter
- Salz und Pfeffer

1. 20 g Zucker hellbraun karamellisieren. Die in Streifen geschnittenen Zwiebeln dazugeben und kurz mitbraten. Mit 250 ml Rotwein ablöschen und auf die Hälfte einkochen lassen. 250 ml Portwein, den Thymianzweig und Marsala zugeben und alles auf 100-150 ml reduzieren. Durch ein Sieb passieren.
2. Für die Schalotten 40 g Zucker hellbraun karamellisieren lassen, mit 200 ml Rotwein und 8 cl Portwein ablöschen. Zimt, Thymianzweige, Nelken und Schalotten hinzufügen. Köcheln, bis die Flüssigkeit vollständig verdunstet ist. Dabei öfter umrühren, damit die Schalotten gleichmäßig in der Rotweinmischung garen.
3. Die fertigen Schalotten (ohne die Kräuter und Gewürze) vor dem Servieren in die Soße geben, alles erhitzen. Kurz vor dem Servieren die eiskalte Butter in kleinen Stückchen hineingeben, dadurch erhält die Soße Bindung, Glanz und natürlich Geschmack. Mit Salz und Pfeffer abschmecken.

CHILI-CHEESE-SOßE

MIT EINER CHILI-CHEESE-SOßE KANN MAN GETROST AUF ZUSÄTZLICHEN KÄSE AUF DEM BURGER VERZICHTEN. DIESER KÄSIGE GENUSS IST NICHT NUR WÜRZIG, SONDERN AUCH SCHARF.

DU BRAUCHST:

- 100 g Kondensmilch
- 6 Scheiben Schmelzkäse (Chester), wahlweise auch geriebenen Cheddar
- in Scheiben geschnittene eingelegte Jalapeños
- 2 EL grünen Tabasco
- 1 TL Chiliflocken

1. Die Kondensmilch in einem kleinen Topf erhitzen, aber auf keinen Fall zum Kochen bringen.
2. Die Schmelzkäsescheiben nach und nach hineinzupfen. So lange rühren, bis der Käse vollständig geschmolzen ist.
3. Die Jalapeños (Anzahl je nach Geschmack) in kleine Würfelchen hacken und zusammen mit dem Tabasco in die Soße geben. Wieder gut verrühren.
4. Zum Schluss noch die Chiliflocken hinzugeben. Sollte die Konsistenz zu flüssig sein, kann man noch mehr Käse hinzufügen. Allerdings sollte man beachten, dass die Soße nach dem Abkühlen fester wird.

TRÜFFEL-AIOLI

FÜR FEINSCHMECKER GIBT ES EINE BESONDERS EDLE TRÜFFEL-AIOLI-SOßE – IN KOMBINATION MIT EINEM GUTEN BEEFPATTY, IN OLIVENÖL GEBRATENEN CHAMPIGNONS UND FELDSALAT EIN FESTLICHER GAUMENSCHMAUS.

DU BRAUCHST:

125 ml Mayonnaise
(am besten selbst gemachte, S.72)

1 EL frisch gepresster Zitronensaft

1 fein gehackte Knoblauchzehe

1½ TL Trüffelöl

Frischer Trüffel, nach Bedarf

Auch hier werden die Zutaten einfach alle miteinander vermengt.

ES GIBT VIELE PURISTEN UND VERFECHTER DES „NACKTEN" BURGERS. FÜR SIE GIBT ES NICHTS BESSERES ALS EIN PATTY ZWISCHEN ZWEI TOASTSCHEIBEN.

Das Höchste der Gefühle stellt ein Klecks Ketchup auf einer Zwiebelscheibe dar. Wir möchten natürlich niemandem seinen Lieblings-Burger vorschreiben. Das könnten wir gar nicht. Aber wir weisen euch, liebe Puristen, ausdrücklich darauf hin, was ihr verpasst.

Das Konzept des Burgers ist nämlich so wandelbar wie bei kaum einer anderen Speise – zwischen die Buns lässt sich alles Erdenkliche legen. Der Burger ist für Einflüsse aus allen Kulturen offen. Egal ob mediterrane, asiatische, indische oder afrikanische Küche – mit landestypischen Zutaten könnt ihr Burger in kulinarische Hochgenüsse verwandeln. Wieso sollten Burger-Begeisterte ihren Gaumen nicht einmal herausfordern?

Doch hier ist Vorsicht geboten. Zutaten sollten nicht wahllos durcheinandergewürfelt werden, sondern die Grundzutaten, das Patty und die Buns ergänzen. Der wesentliche Grund, warum Zutaten zusammenpassen, sind die Aromen. Denn der Geschmack eines Lebensmittels setzt sich im Schnitt nur zu 20 Prozent aus den Informationen aus dem Mund zusammen. Damit ist die gustatorische Wahrnehmung beziehungsweise der Geschmackssinn gemeint. Die Geschmacksknospen finden sich auf der Zunge und im Rachen.

GESCHMACKSRICHTUNGEN

Mit der Zunge schmecken wir nur fünf Geschmacksrichtungen: süß, salzig, bitter, sauer und umami (Forscher wollen sogar eine sechste Geschmacksrichtung nur für Fett entdeckt haben). Umami ist weniger bekannt und bedeutet so viel wie „herzhaft" oder „intensiv" – also so, wie ein guter Burger schmecken sollte. Für diesen Geschmack ist Glutaminsäure verantwortlich. Sie kommt in proteinreicher Nahrung wie Fleisch, Käse, Tomaten oder Pilzen vor und wird auch industriell als Glutamat hergestellt. Besonders die asiatische Küche nutzt Glutamat oft als Gewürz und Geschmacksverstärker. Seit 1969 steht es im Verdacht, das sogenannte China-Restaurant-Syndrom auszulösen, welches sich in Kopfschmerzen und Gliederschmerzen äußert. Nach dem aktuellen Stand der Wissenschaft ist Glutamat jedoch nicht schädlich und kann nicht zu diesen Symptomen führen. Die Erklärung liegt eher darin, dass die Menschen nicht an die asiatische Küche gewöhnt waren und sich durch für sie schwer verdauliche oder zu scharf gewürzte Speisen Unverträglichkeitsreaktionen einstellten. Also keine Angst vor Glutamat – es schmeckt super.

GERUCHSSINN

Aromen nehmen Menschen über die olfaktorische Wahrnehmung – auch bekannt als Geruchssinn – auf. Das Sinnesorgan nennt sich Regio olfactoria, ist so groß wie eine kleine Münze, besteht aus circa 30 Millionen Sinneszellen und befindet sich im obersten Bereich der Nasenhöhle. Ungeübte sollen bis zu 1.000 verschiedene Geruchstypen unterscheiden können, theoretisch sind sogar 10.000 möglich. Die Aromen können unseren Geruchssinn auf zwei Wegen erreichen: Durch die Nase (orthonasal) oder durch den Mund (retronasal). Ersteres geschieht vor allem beim Einatmen, Letzteres beim Ausatmen.

Die restlichen 80 Prozent des Geschmackserlebnisses entstehen durch Aromen, die über den Geruchssinn wahrgenommen werden. Es sind Moleküle, die in verschiedene Aroma-Charaktere beziehungsweise Schlüsselaromen wie Vanille, Zitrus, erdig, nussig oder geröstet unterteilt werden. Lebensmittel enthalten oft nicht nur eine Molekülart, sondern viele verschiedene. Die Erdbeere zum Beispiel zeichnet sich in erster Linie durch den Aroma-Charakter „fruchtig" aus, doch auch „käsig" und „geröstet" spielen mit hinein. Daraus lassen sich tolle Kombinationen ableiten – die Erdbeere schmeckt zum Beispiel super mit Parmesankäse. Ein weiterer allseits bekannter Käsebegleiter ist die Weintraube.

Wissenschaftler nennen dies Foodpairing. Wer nun denkt, dass sich Zutaten nur aufgrund übereinstimmender Schlüsselaromen paaren lassen, irrt. Viele weitere Komponenten spielen eine wichtige Rolle. Verschiedene Kochprozesse wie Dämpfen, Garen oder Braten verändern Aromastoffe zum Teil stark. Auch die Textur der Lebensmittel, die Umgebungstemperatur und molekulare Eigenschaften der Aromastoffe sind Faktoren. Und diese werden von Köchen und nicht von Wissenschaftlern erforscht. Wir empfehlen Interessierten dennoch einen Besuch auf www.foodpairing.com. Dort könnt ihr verschiedene Lebensmittel über deren Aromastoffe kombinieren.

Damit ihr euch nicht mit der Wissenschaft herumschlagen müsst, folgen nun bombensichere und erprobte Topping-Kombinationen, die immer passen. Dazu gibt es Einkaufstipps.

TOPPING-TIPPS

BASICS: SALAT, GURKE, TOMATE, ZWIEBELN, KÄSE

Die Standardtoppings eines klassischen Burgers, der alle Burger-Liebhabergelüste zu stillen vermag, sind Salat, Gurke, Tomate, Zwiebeln und Käse. Dabei gibt es natürlich zig verschiedene Salatsorten, eingelegte Salzgurken, Gewürzgurken, frische Gurken, Kirschtomaten, Fleischtomaten, Bio, nicht Bio, rote Zwiebeln, Küchenzwiebeln, Sommer- oder Winterzwiebeln, Cheddarkäse, Goudakäse, Manchego und und und. Am besten kämpft man sich anhand seiner eigenen Geschmacksknospen durch die Vielzahl an Variationen und schaut, welche Variante für den „üblichen Verdächtigen" – den Cheeseburger – einem am meisten zusagt.

DER KLASSIKER: BACON, SALAT, ZWIEBEL, TOMATE

Bacon beziehungsweise Frühstücksspeck ist gepökeltes und geräuchertes Bauchfleisch vom Schwein, dünn aufgeschnitten. Bitte den Fleischer deines Vertrauens um Aufschnitt – der schmeckt besser als der abgepackte Bacon aus dem Supermarkt. Salat, Zwiebeln und Tomaten könnt ihr dort hingegen getrost kaufen. Neueste Untersuchungen belegen: In puncto Schadstoffe und Geschmack gibt es keine Nachteile gegenüber Bioprodukten.
Passende Soßen: Ketchup und Mayonnaise.

MEDITERRAN: SERRANOSCHINKEN, MANCHEGOKÄSE UND OLIVEN

Der herrliche Geschmack des Mittelmeers wird durch diese Kombination eingefangen. Serranoschinken heißt auf Spanisch Jamón Serrano und ist luftgetrocknet. Am besten schmeckt der Schinken direkt von der Keule. Manchegokäse ist spanischer Schafskäse und ist unter der Herkunftsbezeichnung D. O. Queso Manchego geschützt. Achtet beim Kauf darauf. Die besten Oliven stammen laut Stiftung Warentest aus Griechenland: Testsieger 2014 waren die griechischen Bio-Kalamon-Oliven von Alnatura.
Passende Soße: Pesto alla genovese.

POPEYE: FRISCHE SPINATBLÄTTER, GURKE UND MANGO-CHUTNEY

Die Kombination aus Gemüse und Mango schmeckt erfrischend und süß. Spinat hat einen hohen Gehalt an Mineralien, Vitaminen, Eiweiß und Eisen (3,5 Milligramm in 100 Gramm frischem Spinat). Allerdings ist der von Großmüttern oftmals behauptete außergewöhnlich hohe Eisengehalt von Spinat ein längst widerlegter Irrglaube. Am besten verwendet man jungen und nicht zu lange (weniger als eine Woche) gelagerten Spinat, der noch schön knackig ist.

Die Mango zählt zu den beliebtesten tropischen Früchten der Deutschen. Die süße Südfrucht mit ihrem gelb-orangefarbigen Fruchtfleisch wächst an einem Baum, dessen wissenschaftlicher Name „Mangifera indica" lautet. Die Mango ist ein Steinobst. Zum größten Teil werden Mangos im unreifen oder halbreifen Stadium geerntet und reifen auf dem Transportweg, im Geschäft und oft noch zu Hause nach. Für das Chutney sollte man möglichst reife, süße Mangos verwenden.

Eine reife Mango erkennt man an mehreren Merkmalen: Die Schale einer Mango ändert ihre Konsistenz im Laufe des Reifeprozesses. Reife Mangos haben eine Schale, die bei Druck nachgibt und auf der kurzzeitig eine leichte Druckstelle sichtbar ist. Im unreifen und halbreifen Zustand ist eine Mango blassgrün, im reifen Zustand verändert sich die Farbe der Schale bis hin zu dunkelgrün, meistens mit fleckenenartiger roter oder dunkelgrüner Farbstruktur. Wenn du auf der Oberfläche bereits kleine braune oder schwarze Punkte erkennst, sollte die Frucht schnell verzehrt werden, denn die Punkte sind erste Erkennungsmerkmale des Gärprozesses. Eine reife Mango riecht intensiv nach ihrer süßlichen Frucht, eine unreife hingegen ist quasi geruchslos.

Wie man ein Mango-Chutney zubereitet, wurde bereits im Abschnitt „Soßen" erläutert. Dieses Rezept könnt ihr natürlich auch hier verwenden.

Die Gurken geben dem Burger-Topping den letzten frischen „Pfiff". Welche Gurken ihr dabei verwendet, ist eigentlich egal – wer also konsequent auf Bio setzt, kann dies natürlich tun.

FRANKREICH: HONIG-SENF-SOßE, BRIE, GRANNY-SMITH-ÄPFEL

Sehr gut zu Hähnchen oder Truthahn passt diese Toppingvariation. Die säuerlichen Granny-Smith-Äpfel werden geschmacklich durch die süße

BURGER-LEXIKON 87

HONIG-SENF-SOßE

DU BRAUCHST:

2 EL Crème fraîche
2 TL Honig
2 TL süßen Senf
2 EL Öl
1 EL Rotweinessig
Salz, Pfeffer

Alle Zutaten miteinander vermengen – voilà!

MARINARA-SOßE

DU BRAUCHST:

60 ml Olivenöl

1 gehackte Zwiebel

3 zerdrückte Knoblauchzehen

3 EL gehackte Oregano- und Basilikumblätter

6 große geschälte, entkernte und gehackte Tomaten
(oder 800 g geschälte, abgetropfte und zerdrückte Dosentomaten)

1 Prise Zucker

Salz, Pfeffer

1 Aubergine

Schuss Olivenöl

1. Öl in einer Pfanne erhitzen und Zwiebel und Knoblauch darin etwa 10 Min. goldgelb braten, nicht bräunen. Kräuter, Tomaten, Zucker, Salz und Pfeffer zugeben. Unter gelegentlichem Rühren ca. 30 Min. köcheln lassen, bis die Soße dick und abgerundet ist.
Tipp: Kapern passen sehr gut zu der Marinara-Soße.
2. Die Aubergine vor dem Grillen in dünne Scheiben schneiden, auf Küchenpapier auslegen und salzen, damit sie Wasser zieht. Die Scheiben mit ein wenig mit Olivenöl bestreichen und grillen bzw. von beiden Seiten in Olivenöl anbraten, bis sie gar ist.

Honig-Senf-Soße ausbalanciert. Den krönenden Abschluss erfährt der Burger durch dem Brie, dessen Aromen sich in dieser Kombination voll entfalten können.

Der Granny-Smith-Apfel ist bekannt für seine grüne Farbe und die besonders säuerliche Note. Wer jedoch glaubt, dass diese Apfelsorte weniger Fruchtzucker enthält als seine süßen Geschwister, der irrt sich: Der Granny Smith hat genauso viel Zuckergehalt wie der süße Golden Delicious, aber einen dreifachen Fruchtsäuregehalt.

Brie ist ein französischer Weichkäse mit weißem Edelschimmel, der aus Kuhmilch hergestellt wird. Man kann den Käse mit oder ohne Rinde verwenden – sollte das Fleisch noch gut gewärmt auf das Bun kommen, schmilzt der Brie ohne Rinde jedoch besser. Noch ein Glas kühlen Chardonnay dazu und man kann einen hervorragenden französischen Abend genießen.

MÄÄÄÄH: ZIEGENKÄSE UND GETROCKNETE TOMATEN

Wie auch bei Käse aus Kuhmilch gibt es beim Ziegenkäse die unterschiedlichsten Sorten. Nicht jede Sorte wird zu 100 Prozent aus Ziegenmilch hergestellt, oft ist Kuh- oder Schafsmilch untergemischt. In Deutschland darf ein Käse allerdings nur dann Ziegenkäse genannt werden, wenn er tatsächlich aus 100 Prozent Ziegenmilch besteht. Wer es nicht ganz so intensiv mag, kann auch nach weniger intensivem Ziegenkäse Ausschau halten. Das Aroma reicht nämlich von mild und cremig bis kräftig-aromatisch. Die Aromen der eingelegten, sonnenverwöhnten getrockneten Tomaten sind die perfekte Ergänzung zum Ziegenkäse.

NAPOLETANA: GEGRILLTE AUBERGINE, PARMESAN UND MARINARA-SOßE

Die Marinara-Soße ist eine beliebte, kräftige neapolitanische Soße aus Tomaten, Zwiebeln und Kräutern. Diese rote Soße ist normalerweise etwas schärfer als andere Tomatensoßen und wird großzügig mit Knoblauch, Oregano, Basilikum und sogar Chili gewürzt.

Die Aubergine sollte vor dem Grillen in dünne Scheiben geschnitten, auf Küchenpapier ausgelegt und gesalzen werden, damit sie Wasser zieht. Die Scheiben mit ein wenig Olivenöl bestreichen und grillen.

Wer nicht auf den Sommer warten möchte, kann sie natürlich auch in einer Grillpfanne von beiden Seiten in Olivenöl braten, bis sie gar ist. Die italienische Variante schreit geradezu nach Parmesan. Man kann die Toppings allerdings auch sehr gut in eine griechische Version verwandeln, indem man statt Parmesan Schafskäse und Minze verwendet.

MEXICANA: GUACAMOLE, ROTE ZWIEBELN UND JALAPEÑOS

Die aus der mexikanischen Küche stammende und auf Avocados basierende Guacamole passt sehr gut zu roten Zwiebeln und wird feurig-scharf mit Jalapeños, einem guten Beefpatty und einem Desperados-Bier zu einem kulinarischen Ausflug nach Mittelamerika. Wie man Guacamole zubereitet, wurde im Abschnitt „Soßen" erläutert.
Rote Zwiebeln zeichnen sich vor allem durch ihre milde Schärfe aus und eignen sich somit hervorragend zum rohen Verzehr, wohingegen die Küchenzwiebel durch ihre intensive Schärfe besonders zum Kochen geeignet ist.

DAS FÜNFTE GEBOT
DU SOLLST AUFESSEN.

DAS SECHSTE GEBOT

BEVOR DU ISST, HAST DU DEINEN BURGER ZU FOTOGRAFIEREN – UND ANSCHLIESSEND AUF BURGER CITY GUIDE ZU BEWERTEN.

BURGER REZEPTE

Wir werden oft gefragt, ob wir jeden Tag Burger essen würden.
Auch wenn unser Burger-Konsum wahrscheinlich weit
über dem Bundesdurchschnitt liegt, würden vor dieser Herausforderung
selbst wir kapitulieren. Und das nicht nur, weil auch das beste Essen
einem irgendwann zum Halse heraushängt, sondern auch, weil solche Unmengen
an rotem Fleisch einfach nicht gesund sind. Deshalb haben wir uns
für eine realistische Rezeptanzahl entschieden.
Mit unseren 24 abwechslungsreichen Burger-Rezepten könnt ihr zwei Mal
im Monat den Burger-Gaumen stimulieren.

CLASSIC HAMBURGER

DU BRAUCHST:

160 g Rindfleisch aus Nacken und Schulter

1 Bun

2-3 Zwiebelringe

1-2 Scheiben Tomaten

1 EL Ketchup (Rezept auf S.72)

1 EL Mayonnaise (Rezept auf S.72)

½ Gewürzgurke

Salat (Lollo Rossa, Lollo Bionda, Rucola oder Frisée)

PATTY
1. Das Rindfleisch wird aus dem Nacken und der Schulter zusammengewolft.
2. Forme es und presse es zu einem 160 g schweren Patty.
3. Brate das Patty bis zur gewünschten Garstufe.

TOPPING
Auf den klassischen Hamburger gehören: Zwiebelringe, Tomatenscheiben, Ketchup und Mayonnaise, 1-2 Scheiben Gewürzgurke und beliebiger Salat.

ANRICHTEN
Bestreiche beide Bun-Innenhälften jeweils mit Ketchup und Mayonnaise. Die Toppings für den Classic Hamburger kommen unter das heiße Patty.

SCHWIERIGKEITSGRAD

BURGER-REZEPTE | 95

BCG-TIPP
Von jeder Seite circa 1,5 Min. auf oberster Hitze anbraten, damit das Patty in der Mitte noch zart rosafarben, „medium", bleibt.

CHEESY CHEESEBURGER

DU BRAUCHST:

160 g Rindfleisch aus Nacken und Schulter

1-2 Scheiben Cheddar

1 Bun

2-3 Zwiebelringe

1-2 Scheiben Tomaten

1 EL Ketchup (Rezept auf S.72)

1 EL Mayonnaise (Rezept auf S.72)

½ Gewürzgurke

Salat (Eisbergsalat, Lollo Rossa, Lollo Bionda, Rucola oder Frisée)

PATTY

1. Das Rindfleisch wird aus dem Nacken und der Schulter zusammengewolft.
2. Forme es und presse es zu einem 160 g schweren Patty.
3. Brate das Patty bis zur gewünschten Garstufe.

CHEESE

Der am besten geeignete Käse für den klassischen Cheeseburger ist Cheddar. Lege ein bis zwei Scheiben Cheddar über das Patty, das noch in der Pfanne gart, damit der Käse über dem Fleisch zerläuft.

ANRICHTEN

Belege deinen Cheesy Cheese mit Zwiebelringen, Tomatenscheiben, Ketchup und Mayonnaise, Gewürzgurken und einem Salat deiner Wahl – typisch ist Eisbergsalat.

SCHWIERIGKEITSGRAD

BURGER-REZEPTE 97

BACON-BOMBER-BURGER

DU BRAUCHST:

160 g Rindfleisch aus Nacken und Schulter

3-4 Scheiben Bacon

Cheddar nach Bedarf

2 EL Speiseöl

2-3 fein geschnittene Zwiebelringe

Salz

Paprikapulver

Chili

Currypulver

1 Bun

2 EL Barbecuesoße (Rezept auf S.74)

½ Gewürzgurke

1-2 Tomatenscheiben

Salat (Lollo Rossa, Lollo Bionda, Rucola oder Frisée)

PATTY

1. Das Rindfleisch wird aus dem Nacken und der Schulter zusammengewolft.
2. Forme es und presse es zu einem 160 g schweren Patty.
3. Brate das Patty bis zur gewünschten Garstufe. Belege es mit einer Scheibe Cheddar, wenn du möchtest.

BACON

1. Die Baconstreifen werden in 1 EL Öl in der Pfanne kross gebraten.
2. Lege den Bacon danach auf Küchenpapier und tupfe das überschüssige Fett damit ab.

RÖSTZWIEBELN

1. Vermenge die Zwiebelringe mit einer guten Prise Salz und lasse sie 10 Min. ruhen.
2. Gieße das ausgetretene Zwiebelwasser ab und tupfe die Ringe mit Küchenkrepp trocken.
3. Würze die Ringe kräftig, beispielsweise mit Paprikapulver, Chili und Currypulver.
4. Nun die Zwiebeln sorgfältig mit den Gewürzen vermischen, bis sie nicht mehr an den Fingern und aneinanderkleben.
5. Zuletzt werden sie in 1 EL heißem Öl frittiert.

ANRICHTEN

1. Über das Patty kommen die kross gebratenen Baconstreifen. Füge etwas Barbecuesoße deiner Wahl hinzu.
   Wenn du sie nicht selbst machen willst, empfehlen wir Jack Daniel's Barbecue Sauce Full Flavour Smokey.
2. Belege die untere Bun-Hälfte mit Gewürzgurken, Tomatenscheiben und Zwiebelringen. Gib darauf das Patty, die Röstzwiebeln, den Bacon sowie ein paar Salatblätter deiner Wahl.

SCHWIERIGKEITSGRAD

BURGER-REZEPTE 99

CHICKEN-BURGER

DU BRAUCHST:

180 g Hähnchenbrustfilet

2 EL Olivenöl

1 Bun

2-3 Tomatenscheiben

Salat (Lollo Rossa, Lollo Bionda, Rucola oder Frisée)

FÜR DIE GUACAMOLE:

1 Avocado

Saft von 1 Limette

½ Tomate

1 EL Mayonnaise (Rezept auf S. 72)

Salz, Pfeffer

evtl. Knoblauchöl

Chiliflocken

PATTY
Brate das Hähnchenbrustfilet in etwas Olivenöl von beiden Seiten an.

GUACAMOLE
1. Löffle die Avocado aus und gib sie in eine Schüssel.
2. Vermische sie mit dem Limettensaft, damit sie nicht braun wird.
3. Schneide die halbe Tomate in kleine Würfel und gib sie dazu.
4. Verrühre das Ganze mit der Mayonnaise.
5. Schmecke die Guacamole mit Salz, Pfeffer, wahlweise Knoblauchöl und Chiliflocken ab.

ANRICHTEN
Belege den Burger mit Tomatenscheiben und Salat deiner Wahl und gib auf das Chicken-Patty eine großzügige Portion Guacamole.

SCHWIERIGKEITSGRAD

BURGER-REZEPTE | 101

PULLED-PORK-BURGER

DU BRAUCHST:

125 g Schweineschulter für das Pulled Pork

2 EL Speiseöl

2 EL Barbecuesoße (Rezept auf S.74)

0,5 l Cola

250 ml Hühnerbrühe

1 TL braunen Zucker

1 EL Senf

1 EL Worcestershire-Soße

1 TL Chilipulver

½ Handvoll Cranberries

1 gehackte Knoblauchzehe

½ gehackte Zwiebel

1 Apfel

etwas Butter

1 Bun

2-3 dünne Zwiebelringe

2-3 Tomatenscheiben

Salat (Lollo Rossa, Lollo Bionda, Rucola oder Frisée)

PULLED PORK

1. Gib etwas Öl in einen Bräter und lege die ganze Schweineschulter hinein.
2. In einer großen Schüssel werden Barbecuesoße, Cola und Hühnerbrühe miteinander vermischt. Gib braunen Zucker, Senf, Worcestershire-Soße, Chilipulver, Cranberries, gehackten Knoblauch und Zwiebeln hinein und verrühre alles gut miteinander. Schneide den Apfel in hauchdünne Scheiben und gib die Apfelscheiben dazu.
3. Gieße die Mischung über das Fleisch. Die Schweineschulter wird nun im Backofen bei 120 °C Ober-/Unterhitze ca. 5 Std. lang gegart.
4. Nach 5 Std. kannst du die „Ziehprobe" machen: Wenn sich das Fleisch mit zwei Gabeln mühelos auseinanderziehen lässt, ist es gar.
5. Die Schweineschulter auf einem Brett mit zwei Gabeln in kleinere Stücke zerteilen.
6. Die Fleischstücke wieder in die Soße geben und verrühren.

BUN

Die Innenseiten des Buns mit Butter bestreichen und in einer Pfanne, Brötcheninnenseite nach unten, kurz bräunen.

ANRICHTEN

Das Fleisch wird in die getoasteten Buns gelöffelt und mit Zwiebelringen, Tomatenscheiben und Salat belegt.

SCHWIERIGKEITSGRAD

BCG-TIPP

Durch das saftige Pulled Pork ist dieser Burger besonders feucht. Auch wenn wir Gegner von Besteck sind, ist hier mit der Hand essen eine großartige Sauerei – nur für die, die darauf stehen!

THE ITALIAN BURGER

DU BRAUCHST:

160 g Rindfleisch aus Nacken und Schulter

1 Scheibe Cheddar nach Bedarf

1 Ciabatta-Bun

2-3 Scheiben frische Tomaten

3 getrocknete Tomaten

2 rote Zwiebelscheiben

50 g eingelegte Aubergine und Zucchini

Salat (Lollo Rossa, Lollo Bionda, Rucola oder Frisée)

FÜR DAS PESTO:

1 Knoblauchzehe

5 Macadamianüsse

1 EL Pinienkerne

2 EL Parmesan, gerieben

2 EL Olivenöl

1 EL fein gehacktes Thai-Basilikum

PATTY

1. Das Rindfleisch wird aus dem Nacken und der Schulter zusammengewolft.
2. Forme es und presse es zu einem 160 g schweren Patty.
3. Brate das Patty bis zur gewünschten Garstufe. Belege es mit einer Scheibe Cheddar, wenn du möchtest.

PESTO

1. Presse die Knoblauchzehe aus. Zerkleinere die Macadamianüsse im Mörser oder in der Küchenmaschine.
2. Pinienkerne in der Pfanne rösten und ebenfalls zerkleinern.
3. Gib etwas geriebenen Parmesan, Olivenöl und den fein gehackten Thai-Basilikum hinzu und mörsere alles nochmals durch, bis es eine homogene Masse ist.

ANRICHTEN

1. Auf das untere Bun kommen die frische Tomate, getrocknete Tomaten, rote Zwiebeln und etwas Salat deiner Wahl (am besten passt Rucola dazu).
2. Die Antipasti werden auf das Patty gelegt.
3. Füge Pesto und Salat hinzu.

SCHWIERIGKEITSGRAD

HOT-HABANERO-BURGER (SCHARF)

DU BRAUCHST:

160 g Rindfleisch aus Nacken und Schulter

1-2 Scheiben Manchego-Käse

1 Bun

Salat (Lollo Rossa, Lollo Bionda, Rucola oder Frisée)

2 frische Habaneros

evtl. ein paar eingelegte Jalapeño-Scheiben

FÜR DIE SALSA:

je ½ rote und gelbe Paprika

1 Handvoll Koriander

½ Knoblauchzehe

2 EL Olivenöl

Salz, Pfeffer

1 TL Tomatenmark

PATTY

1. Das Rindfleisch wird aus dem Nacken und der Schulter zusammengewolft.
2. Forme es und presse es zu einem 160 g schweren Patty.
3. Brate das Patty bis zur gewünschten Garstufe. Lege den Manchego-Käse über das heiße Patty, damit der Käse zerläuft.

SALSA

1. Würfle die rote und gelbe Paprika.
2. Hacke den Koriander und den Knoblauch fein und vermenge die Gewürze mit den Paprikawürfeln.
3. Füge 2 EL Olivenöl hinzu sowie Salz und Pfeffer nach Geschmack.
4. Zuletzt 1 TL Tomatenmark unterheben.

ANRICHTEN

1. Auf den Burger kommt ein wenig Salat deiner Wahl.
2. Schneide die frischen Habaneros in dünne Scheiben und belege deinen Burger, wahlweise auch mit Jalapeños.

SCHWIERIGKEITSGRAD

BCG-TIPP
Wer es noch schärfer haben möchte, fügt etwas Chilisoße und Chiliflocken hinzu.

BREAKFAST-BURGER

DU BRAUCHST:

160 g Rindfleisch aus Nacken und Schulter

1 Bun

1 Schuss weißen Essig

1 Ei

2 Tomatenscheiben

2-3 Zwiebelscheiben

2-3 Scheiben luftgetrockneten Schinken

Salat (Lollo Rossa, Lollo Bionda, Rucola oder Frisée)

FÜR DIE SAUCE HOLLANDAISE:

250 g Butter

4 Eigelb

2 TL Zitronensaft

Salz, Pfeffer

PATTY
1. Das Rindfleisch wird aus dem Nacken und der Schulter zusammengewolft.
2. Forme es und presse es zu einem 160 g schweren Patty.
3. Brate das Patty bis zur gewünschten Garstufe.

POCHIERTES EI
1. Einen großen Topf ca. 4-5 cm hoch mit Wasser und etwas Essig befüllen und das Ganze erhitzen. Das Wasser soll kurz vorm Simmern sein – es darf aber nicht kochen! Tipp: Bringe das Wasser zunächst zum Kochen und lasse es anschließend etwas abkühlen. (Die richtige Temperatur ist entscheidend beim Pochieren: Ist das Wasser zu kalt, zerfasert das Ei sofort. In zu heißem Wasser wird das Eiweiß zu schnell fest und das Eigelb kann nicht nachgaren.)
2. Schlage das Ei in einer Tasse auf.
3. Rühre das Kochwasser mit einem Löffel kräftig um, sodass in der Mitte ein Strudel entsteht, und lasse das Ei in die Mitte des Strudels gleiten. Der Wasserstrudel hält das Eiweiß zusammen und sorgt dafür, dass es sich schneller um das Eigelb legt.
4. Das Ei sieht im Topf zunächst etwas fransig aus, doch mit der Zeit verfestigt es sich zu einem schön pochierten Ei. In der Regel kannst du es bereits nach 2-4 Min. aus dem Wasser fischen, je nach gewünschtem Härtegrad.
5. Lasse das Ei kurz auf einem Küchentuch abtropfen.

SAUCE HOLLANDAISE
1. Die Butter in einem Kochtopf schmelzen und abkühlen lassen. Die vier Eigelb und den Zitronensaft im Wasserbad unter Rühren andicken und mit Salz und Pfeffer würzen.
2. Die geschmolzene, nicht mehr heiße Butter unter Rühren langsam zum Eigelb gießen. Wichtig: Die Soße muss frisch und noch warm über die pochierten Eier gegossen werden.

ANRICHTEN
Tomaten, Zwiebelringe, luftgetrockneten Schinken und Salat deiner Wahl hinzufügen.

SCHWIERIGKEITSGRAD

BURGER-REZEPTE 109

THE PUB BURGER

DU BRAUCHST:

160 g Rindfleisch aus Nacken und Schulter

1-2 Scheiben Cheddar

1 Bun

100 g Sauerkraut

1 Handvoll Speckwürfel nach Bedarf

1-2 Zwiebelscheiben

Salat (Lollo Rossa, Lollo Bionda, Rucola oder Frisée)

FÜR DIE GRAVY:

1 gehackte Zwiebel

100 g Margarine

1 Handvoll gehackte Pilze (z.B. Austernpilze)

100-150 ml Fleischbrühe

1 EL Tomatenmark

Salz, Pfeffer

evtl. Soßenbinder

PATTY

1. Das Rindfleisch wird aus dem Nacken und der Schulter zusammengewolft.
2. Forme es und presse es zu einem 160 g schweren Patty.
3. Brate das Patty bis zur gewünschten Garstufe. Belege es mit einer Scheibe Cheddar, solange es noch heiß ist.

GRAVY

1. Die gehackte Zwiebel in der Margarine ca. 5 Min. anbraten.
2. Die gehackten Pilze hinzufügen und ein paar Min. mitbraten.
3. Das Ganze mit der Fleischbrühe ablöschen.
4. 1 EL Tomatenmark einrühren und die Soße einige Min. köcheln lassen, mit Salz und Pfeffer abschmecken.
5. Falls die Soße zu dünn ist, kann man noch Soßenbinder einrühren.

ANRICHTEN

Sauerkraut (nach Wunsch mit Speckwürfeln) auf das untere Bun und mit Zwiebelringen und Salat garnieren.

SCHWIERIGKEITSGRAD

BURGER-REZEPTE 111

Diesen Burger gibt es bei „The Pub Berlin – Möpse trinken Bier" auf der Speisekarte. Wir finden die Kreation von Chefkoch Stephan Koch so gut, dass wir sie aufgenommen haben. Danke fürs Verraten des geheimen Rezepts!

GOOD-MORNING-WASABI-BURGER

DU BRAUCHST:

160 g Rindfleisch aus Nacken und Schulter

1 Bun

1 Handvoll Feldsalat oder Frisée

FÜR DIE AVOCADO-WASABI-SOßE:

1 reife Avocado

1 Limette

2 EL helle Sojasoße

3 EL Shiso-Soße

½ Tube (ca. 20 g) Wasabi-Paste

150 ml Mayonnaise (Rezept auf S.72)

FÜR DAS MANGO-CHUTNEY:

1 reife Mango

2 kleine Schalotten

2 Knoblauchzehen

1 Handvoll Koriander

2 EL helle Sojasoße

FÜR DIE REISFLOCKEN:

1-2 Teetassen Speiseöl

Wasabi-Reisflocken

Salz

PATTY

1. Das Rindfleisch wird aus dem Nacken und der Schulter zusammengewolft.
2. Forme es und presse es zu einem 160 g schweren Patty.
3. Brate das Patty bis zur gewünschten Garstufe.

AVOCADO-WASABI-SOßE

1. Die Avocado auslöffeln und in eine Schüssel geben.
2. Die Limette mit kochendem Wasser übergießen und mit Druck über den Tisch rollen, damit man mehr Saft erhält. Limettensaft auspressen und über die Avocado gießen.
3. 2 EL helle Sojasoße, 3 EL Shiso-Soße, ½ Tube Wasabi-Paste und 150 ml Mayonnaise hinzufügen.
4. Das Ganze in einen Thermomixer geben und 5 Min. lang sautieren. Falls kein Thermomixer zur Hand ist, gibt man die Zutaten in einen Kochtopf und rührt alles ca. 4 Min. bei mittlerer Hitze mit dem Handmixer zusammen. Die Geschmacksaromen werden durch das Erhitzen stärker freigesetzt.

MANGO-CHUTNEY

1. Die Mango in sehr kleine Würfel schneiden, ebenso die rohen Schalotten, die Knoblauchzehen und auch den Koriander je nach Geschmack.
2. Die klein geschnittenen Zutaten mit 2 EL heller Sojasoße vermischen.

REISFLOCKEN

1. Das Öl in einer Pfanne heiß werden lassen. Die Wasabi-Reisflocken darin portionsweise frittieren.
2. Sobald die Flocken eine leicht goldbraune Farbe angenommen haben, herausnehmen, auf Küchenkrepp abtropfen lassen und kräftig salzen. Sie sind perfekt, wenn sie eine ähnliche Konsistenz wie Chips haben.

ANRICHTEN

1. Das Patty wird in die Avocado-Wasabi-Soße getaucht, bis es komplett damit bedeckt ist.
2. Das Patty in den Reisflocken wälzen.
3. Das Patty auf die untere Bun-Hälfte legen, reichlich Mango-Chutney darauf geben und darüber etwas Feldsalat oder Frisée.

SCHWIERIGKEITSGRAD

BURGER-REZEPTE 113

PORK-BELLY-BURGER

DU BRAUCHST:

150 g Schweinebauch
1 Bun
etwas Feldsalat

FÜR DEN FLEISCHSUD:

Wasser
1 EL Salz
1 EL Five-Spice-Gewürzmischung
1 Prise gemahlene Nelken

FÜR DIE TAMARINDENSOßE:

½ Handvoll Thai-Basilikum
½ Handvoll Koriander
3 EL helle Sojasoße
6 EL Tamarindensoße

FÜR DEN PAK-CHOI-SALAT:

2 Pak-Choi-Knollen
1 Handvoll Champignons
3 EL Sojasoße
3 EL Öl

FLEISCH

1. Den Schweinebauch mit Schwarte in einen großen Topf legen und mit Wasser bedecken.
2. 1 EL Salz, 1 EL Five-Spice-Gewürzmischung und etwas gemahlene Nelken ins Wasser geben.
3. Nach ca. 30 Min. Köcheln das Schweinefleisch aus dem Sud nehmen und in Streifen schneiden. Die Streifen in der Pfanne kross anbraten.

TAMARINDENSOßE

1. Thai-Basilikum und Koriander fein hacken.
2. 3 EL Sojasoße in eine Schüssel geben, 6 EL Tamarindensoße hinzufügen und mit den Kräutern vermengen.

PAK-CHOI-SALAT

1. Pak Choi waschen und grob schneiden.
2. Champignons vierteln.
3. 3 EL Sojasoße und 3 EL Öl in eine Pfanne geben und das Gemüse darin anbraten.

ANRICHTEN

Die Schweinebauchstreifen werden auf das untere Bun gelegt, darauf kommen Pak Choi, Champignons, Feldsalat und reichlich Tamarindensoße.

SCHWIERIGKEITSGRAD

BURGER-REZEPTE 115

CHILI-BURGER

DU BRAUCHST:

160 g Rindfleisch aus Nacken und Schulter

1 Bun

Salat (Lollo Rossa, Lollo Bionda, Rucola oder Frisée)

2 frische Chilis

evtl. Chiliflocken und Chilisoße

FÜR DAS CHILI CON CARNE:

100 g gemischtes Hackfleisch

½ gewürfelte Zwiebel

1 fein gehackte Knoblauchzehe

1 Handvoll Pinto-, Kidney- oder Chilibohnen

1 Handvoll Dosenmais

150 g Dosentomaten

1 Prise Oregano

Kreuzkümmel

Rosmarin

Salz, Pfeffer und Zucker

Chilipulver

PATTY
1. Das Rindfleisch wird aus dem Nacken und der Schulter zusammengewolft.
2. Forme es und presse es zu einem 160 g schweren Patty.
3. Brate das Patty bis zur gewünschten Garstufe.

CHILI CON CARNE
1. Hackfleisch mit 3 EL Wasser nicht zu dunkel anbraten (Öl- oder Fettzugabe ist nicht erforderlich.)
2. Zwiebel und Knoblauch dazugeben und kurz mitbraten.
3. Bohnen, Mais, Tomaten und Gewürze unterrühren.
4. 1,5 Std. köcheln lassen, zwischendurch immer wieder umrühren.
5. Mit Salz, Pfeffer und Chilipulver je nach Geschmack nachwürzen.

ANRICHTEN
1. Die frischen Chilis fein hacken.
2. Das Patty kommt auf das untere Bun.
3. Gib reichlich Chili con Carne darüber und die frischen Chilis dazu.
4. Wer es noch schärfer möchte, würzt mit Chiliflocken und Chilisoße nach.
5. Gib noch etwas Salat deiner Wahl dazu.

SCHWIERIGKEITSGRAD

BURGER-REZEPTE 117

BCG-TIPP

Das Chili schmeckt am besten gut durchgezogen – am besten am Tag vorher zubereiten und aufwärmen. Wer es eilig hat: Es gibt passables Chili aus der Dose von Knorr oder Erasco.

SWEET-MACARON-BURGER

NACH MESDAMES DES MACARONS

DU BRAUCHST:

FÜR DIE MACARONS:
- 75 g Puderzucker
- 75 g gemahlene Mandeln
- 30 g Eiweiß (1 Eiklar)
- 75 g Zucker
- 23 g Wasser
- 30 g Eiweiß (1 Eiklar)
- Sesam

FÜR DIE SCHOKO-GANACHE:
- 100 g Zartbitterschokolade/Kuvertüre
- 100 g Sahne
- 25 g Butter
- 2 EL Kakao

FÜR DIE SALAT-, TOMATEN- UND KÄSEDEKO:
- je 1 Packung grüne, rote und gelbe Fondantmasse

WAS DU NOCH BRAUCHST:
- Spritzbeutel
- Zuckerthermometer

SCHWIERIGKEITSGRAD

MACARONS

1. Puderzucker und gemahlene Mandeln zusammenmixen. Den Mix staubfein sieben, sodass ein möglichst feines Pulver entsteht.
2. Eiweiß steif schlagen.
3. Zur gleichen Zeit Zucker und Wasser aufkochen, bis die Zuckerlösung 118 °C hat. Dies lässt sich mit einem Zuckerthermometer messen.
4. Den heißen Zuckersirup in einem dünnen Strahl unter ständigem Weiterrühren vorsichtig zum steif geschlagenen Eiweiß geben. Das Eiweiß zu einem sehr festen Schnee schlagen und auf ca. 50 °C abkühlen lassen.
5. Das zweite Eiweiß mit dem Mandel-Puderzucker-Mix mischen.
6. Eischnee in 3 Portionen zur Mandel-Puderzucker-Eiweiß-Mischung geben und sorgfältig unterheben, bis er eine eine zähflüssige homogene Masse ist.
7. Macaron-Teig in einen Spritzbeutel füllen und ca. 3 cm große Taler auf ein mit Backpapier belegtes Blech spritzen. Leicht auf das Backblech klopfen, damit die Macarons gleichmäßiger werden.
8. Auf die Hälfte der Schalen Sesamkörner streuen. Dies wird der obere Teil der Buns.
9. Die Macarons ca. 30 Min. bei Zimmertemperatur antrocknen lassen, damit sich oben eine dünne Haut bildet.
10. Die Macarons im vorgeheizten Backofen mit Umluft bei ca. 140-150 °C 12-14 Min. lang backen, sie dürfen dabei keine Farbe annehmen!
11. Nach dem Backen die Macarons auskühlen lassen, dann lassen sie sich besser vom Backpapier lösen.

SCHOKO-GANACHE

1. Schokolade zerhacken und in eine Rührschüssel füllen.
2. Sahne auf mittlerer Hitze erwärmen.
3. Heiße Sahne in 2 Portionen über die Schokolade gießen (die Schokolade sollte vollständig mit Sahne bedeckt sein) und 5 Min. stehen lassen. Butter und 2 EL Kakao dazugeben, alles glattrühren und erkalten lassen.

ANRICHTEN

1. Das grüne, rote und gelbe Fondant jeweils 2 mm dünn ausrollen. Schneide pro Macaron je eine runde Tomatenform aus dem roten Fondant und je ein Käsequadrat aus dem gelben Fondant. Forme mit den Fingern aus dem grünen Fondant je ein Salatblatt.
2. Schlage die Ganache mit dem Handrührgerät auf.
3. Fülle die abgekühlte und leicht fest gewordene Ganache in einen Spritzbeutel und spritze sie großzügig auf jeweils eine Macaron-Halbschale (ohne Sesamkörner).
4. Die ausgestochenen Fondants kommen auf die Ganache: zuerst der Käse, dann die Tomate, zum Schluss das Salatblatt.
5. Zuletzt die zweite Halbschale mit den Sesamkörnern mit etwas Ganache bestreichen und auf das Unterteil setzen.

BURGER-REZEPTE | 119

WICHTIG!
Die Macarons für mindestens 24 Std., besser jedoch 48 Std. lang im Kühlschrank ruhen lassen. Vor dem Verzehr auf Zimmertemperatur erwärmen.

TUNA-BURGER

DU BRAUCHST:

160 g frisches Thunfischfilet

50 g Sesamkörner

2 EL Sesamöl

1 Bun

50 g Wakame-Salat
(japanischer Algensalat)

Salat (Lollo Rossa, Lollo Bionda,
Rucola oder Frisée)

FÜR DIE SHIITAKEPILZE:

3-4 Shiitakepilze

2 EL Sesamöl

2 EL Sojasoße

THUNFISCH-PATTY
Den rohen Thunfisch in den Sesamkörnern wälzen und in etwas Sesamöl (oder einem anderen pflanzlichen Öl) anbraten – aber nicht durchbraten, damit das Patty innendrin noch rosé bleibt.

SHIITAKEPILZE
Shiitakepilze in Sesamöl anbraten und mit Sojasoße beträufeln.

ANRICHTEN
Wakame-Salat, Shiitakepilze und Salat deiner Wahl auf das Patty legen.

SCHWIERIGKEITSGRAD

PROVOLONE-BURGER

DU BRAUCHST:

160 g Rindfleisch aus Nacken und Schulter

1 Bun

1-2 Scheiben Provolone-Käse

Salat (Lollo Rossa, Lollo Bionda, Rucola oder Frisée)

FÜR DAS PREISELBEER-KOMPOTT:

½ Handvoll Preiselbeeren

1 EL Zucker

PATTY

1. Das Rindfleisch wird aus dem Nacken und der Schulter zusammengewolft.
2. Forme es und presse es zu einem 160 g schweren Patty.
3. Brate das Patty bis zur gewünschten Garstufe.
4. Belege es mit reichlich Provolone-Käse, solange es noch heiß ist.

PREISELBEER-KOMPOTT

1. Die Preiselbeeren mit etwas Wasser zum Köcheln bringen und 1 EL Zucker hinzufügen.
2. Lasse das Kompott ein wenig ziehen.

ANRICHTEN

Über das Patty kommt die Preiselbeersoße und ein Salat deiner Wahl.

SCHWIERIGKEITSGRAD

X-MAS-BURGER

DU BRAUCHST:

160 g Rindfleisch aus Nacken und Schulter

1 Bun

100 g Rotkohl aus dem Glas

3 EL Bratensoße

Salat (Lollo Rossa, Lollo Bionda, Rucola oder Frisée)

FÜR DAS MARONENPÜREE:

2 EL Butter

1 EL Zucker

100 g vorgekochte Maronen (vakuumverpackt)

250 ml Gemüsebrühe

2 EL Milch

Salz, Pfeffer

Muskat

3 EL Schlagsahne

Marsala

FÜR DIE SAFRANMAYONNAISE:

1 kleine mehlig kochende Kartoffel

Salz

½ TL Safranfäden

2 EL neutrales Öl (zimmerwarm)

1 Ei (Kl. M, zimmerwarm)

1 Msp. Piment d'Espelette (ersatzweise Cayennepfeffer)

2 TL Orangensaft

PATTY

1. Das Rindfleisch wird aus dem Nacken und der Schulter zusammengewolft.
2. Forme es und presse es zu einem 160 g schweren Patty.
3. Brate das Patty bis zur gewünschten Garstufe.

MARONENPÜREE

1. Butter und Zucker in einem Topf karamellisieren lassen und die Maronen zugeben.
2. Unter ständigem Rühren die Maronen 2-3 Min. glasieren, danach mit Gemüsebrühe und Milch aufgießen.
3. Ungefähr 5 Min. köcheln lassen, bis das Karamell aufgelöst ist.
4. Alles mit dem Stabmixer pürieren. Evtl. zusätzlich Milch zufügen und mit Salz, schwarzem Pfeffer und Muskat würzen.
5. Die Sahne steif schlagen und mit dem Marsala unter das Püree heben.
6. Alles noch einmal mit den Gewürzen abschmecken.

SAFRANMAYONNAISE

1. Kartoffel schälen, waschen, klein würfeln und in Salzwasser ca. 20 Min. garen.
2. Kartoffelwasser abgießen. Die Kartoffel pellen und zweimal durch die Kartoffelpresse in eine Schüssel drücken.
3. Safran zwischen den Fingern in 2 El lauwarmem Wasser zerreiben.
4. Für die Mayonnaise Öl und Ei (die Zutaten müssen zimmerwarm sein!) in einen hohen Rührbecher geben. Mit dem Pürierstab zu einem dicklichen Brei verarbeiten und dann den Pürierstab langsam herausziehen.
5. Mayonnaise mit dem Kartoffelbrei verrühren. Safran mit dem Wasser unterrühren. Die Mayonnaise mit Salz, Piment d'Espelette und Orangensaft abschmecken.

ANRICHTEN

1. Der Rotkohl wird in einem Topf etwas erhitzt und auf das untere Bun gegeben.
2. Das fertige Maronenpüree kommt auf das Patty, reichlich Bratensoße und Safranmayonnaise hinzufügen.
3. Belege deinen Burger mit einem Salat deiner Wahl.

SCHWIERIGKEITSGRAD

FRENCH BURGER

DU BRAUCHST:

160 g Rindfleisch aus Nacken und Schulter

1 Bun

Salat (Lollo Rossa, Lollo Bionda, Rucola oder Frisée)

FÜR DEN GEBACKENEN CAMEMBERT:

1 Ei

Salz, Pfeffer

2 cm dicke Scheibe Camembert

2 EL Semmelbrösel

1 TL Speisestärke

Öl zum Frittieren (z.B. Sonnenblumenöl)

FÜR DIE PREISELBEERSOßE:

1 Handvoll Preiselbeeren

1 EL Zucker

1 Schuss Rotwein

PATTY

1. Das Rindfleisch wird aus dem Nacken und der Schulter zusammengewolft.
2. Forme es und presse es zu einem 160 g schweren Patty.
3. Brate das Patty bis zur gewünschten Garstufe.

GEBACKENER CAMEMBERT

1. Das Ei wird mit einer Prise Salz und Pfeffer in einem tiefen Teller verquirlt.
2. Mische in einem zweiten tiefen Teller die Semmelbrösel mit 1 TL Speisestärke. Tauche die Camembertscheibe in das Ei und wende sie anschließend in den Semmelbröseln.
3. Frittiere den Käse für 3-4 Min. in einer Pfanne in Öl. Faustregel: So viel Öl zum Frittieren hinzufügen, bis das Lebensmittel halb darin schwimmen kann.

PREISELBEERSOßE

Die Preiselbeeren werden mit 1 EL Zucker und einem Schuss Rotwein in einem Kochtopf 30 Min. lang gekocht.

ANRICHTEN

Auf die untere Bun-Hälfte wird etwas Preiselbeersoße gestrichen. Das heiße Patty kommt darauf. Füge die frittierte Camembertscheibe und reichlich Preiselbeersoße inklusive dem Salat deiner Wahl hinzu.

SCHWIERIGKEITSGRAD

BCG-TIPP
Zum Frittieren neutrales Öl mit hohem Rauchpunkt. Gut geeignet: Erdnuss-, Traubenkern-, Sonnenblumen-, Soja-, Rapsöl.

SPARGEL-BURGER

DU BRAUCHST:

160 g Rindfleisch aus Nacken und Schulter
1 Bun
100 g Spargel, je nach Saison
1 TL Zucker
1 TL Salz
4 Zitronenscheiben
2 Scheiben luftgetrockneter Schinken
Salat (Lollo Rossa, Lollo Bionda, Rucola oder Frisée)

FÜR DIE SAUCE HOLLANDAISE:

250 g Butter
4 Eigelb
1 Schuss weißen Essig
2 TL Zitronensaft
Salz, Pfeffer

PATTY

1. Das Rindfleisch wird aus dem Nacken und der Schulter zusammengewolft.
2. Forme es und presse es zu einem 160 g schweren Patty.
3. Brate das Patty bis zur gewünschten Garstufe.

SPARGEL

1. Den Spargel mit dem Spargelschäler sorgfältig schälen und die holzigen Enden abschneiden.
2. Den geschälten Spargel in einen Topf geben, mit Wasser bedecken, mit je 1 TL Zucker und Salz würzen und 4 Zitronenscheiben dazugeben.
3. Den Spargel bei leicht geöffnetem Deckel ca. 12-15 Min. kochen.

SAUCE HOLLANDAISE

1. Die Butter in einem Kochtopf schmelzen und abkühlen lassen.
2. Die Eigelb, den Schuss Essig und den Zitronensaft im Wasserbad unter Rühren mit dem Schneebeesen andicken und mit Salz und Pfeffer abschmecken.
3. Die geschmolzene, abgekühlte Butter unter Rühren langsam zum Eigelb geben und unterrühren.

ANRICHTEN

Lege Salat deiner Wahl auf das Bun. Gib dann das Patty, die Spargelstangen und den Schinken darauf. Mit der Soße übergießen.

SCHWIERIGKEITSGRAD

WIESN-BURGER

DU BRAUCHST:

160 g Rindfleisch aus Nacken und Schulter

1 Laugen-Bun

2 EL Obazda

2-3 Scheiben rote Zwiebeln

etwas Petersilie zum Garnieren

Salat (Lollo Rossa, Lollo Bionda, Rucola oder Frisée)

FÜR DEN SERVIETTENKNÖDEL:

200 ml Milch

2 Weizen- oder Laugenbrötchen vom Vortag

½ Zwiebel

1 TL Butter

½ Handvoll frische Petersilie

1 Ei

1 TL Salz

½ TL Pfeffer

Küchengarn oder Bindfaden

PATTY

1. Das Rindfleisch wird aus dem Nacken und der Schulter zusammengewolft.
2. Forme es und presse es zu einem 160 g schweren Patty.
3. Brate das Patty bis zur gewünschten Garstufe.
4. Bestreiche das heiße Patty mit dem Obazda.

SERVIETTENKNÖDEL (FÜR 3-4 SCHEIBEN)

1. Milch lauwarm erwärmen. Brötchen klein würfeln und in eine große Schüssel geben. Die heiße Milch über die Brotwürfel gießen. Ca. 30 Min. einweichen.
2. In der Zwischenzeit Zwiebelscheiben fein würfeln und in heißer Butter glasig dünsten.
3. Petersilie waschen und fein hacken. Mit Ei und Zwiebeln zu den Brotwürfeln geben.
4. Die Knödelmasse mit der Hand vermischen und mit Salz und Pfeffer abschmecken. Die Masse 30-40 Min. ruhen lassen, sodass sie weich, aber nicht zu flüssig ist.
5. Knödelmasse in die Mitte eines feuchten Geschirrtuchs geben.
6. Mit angefeuchteten Händen zu einer dicken Rolle formen, dabei jeweils an den Tuchenden ca. 10 cm frei lassen.
7. Knödelmasse locker in das Tuch einwickeln, weil sie sich beim Garen noch ausdehnt.
8. Die Tuchenden mit Küchengarn fest zusammenbinden.
9. In einem großen Topf oder Bräter reichlich Salzwasser aufkochen.
10. Knödelrolle hineinlegen (sie sollte mit Wasser bedeckt sein) und bei schwacher Hitze ca. 30 Min. ziehen lassen.
11. Knödelrolle herausheben, auswickeln und in Scheiben schneiden.

ANRICHTEN

Auf das Patty mit dem Obazda-Aufstrich kommen die Zwiebelringe, darüber etwas Petersilie streuen und dann den Serviettenknödel darauflegen. Belege den Burger mit Salat deiner Wahl. An guadn!

SCHWIERIGKEITSGRAD

BURGER-REZEPTE 131

VEGAN-BURGER

DU BRAUCHST:

1 Bun
2-3 Tomatenscheiben
Salat (Lollo Rossa, Lollo Bionda, Rucola oder Frisée)
½ Handvoll Sprossen

FÜR DAS PATTY:
200 g getrocknete Kichererbsen
500 ml Apfelsaft
Saft von 1 Limette
1 EL Olivenöl
50 g Mehl
1 EL Sesammark oder 1 EL Sesamöl
50 g Mehl
1 TL Kreuzkümmel
1 TL Ras el-Hanout (marokkanische Gewürzmischung)
Salz, Pfeffer

FÜR DIE TOMATEN-OLIVEN-CREME:
50 g schwarze Oliven
1 EL Olivenöl
50 g Dosentomaten
1 TL Tomatenmark
½ Knoblauchzehe
2 EL Frischkäse

PATTY
1. Getrocknete Kichererbsen über Nacht in Wasser einweichen.
2. Die Hülsenfrüchte in ein Sieb schütten, gut abbrausen und abtropfen lassen.
3. Kichererbsen in einen Topf geben, mit 500 ml Apfelsaft bedecken und bei mittlerer bis hoher Hitze zum Kochen bringen.
4. Limettensaft und Olivenöl zugeben. Die Kichererbsen auf niedriger Stufe 1-2 Std. lang garen. Sie sind fertig, wenn man sie wie Kartoffeln mit einem Messer einstechen kann.
5. Püriere die Kichererbsen zu einem Brei und vermenge ihn mit 50 g Mehl, Sesammark, den Gewürzen, Salz und Pfeffer.
6. Forme den Brei in der heißen, geölten Pfanne zu einem runden Patty.

TOMATEN-OLIVEN-CREME
Püriere alle Zutaten zu einer Creme – am besten 4-5 Min. lang in einem Thermomixer, denn durch die Hitze werden die Aromastoffe besser freigesetzt und die Masse wird cremiger.

ANRICHTEN
1. Die frischen Tomaten kommen auf die untere Bun-Hälfte.
2. Belege es mit dem veganen Kichererbsen-Patty und streiche reichlich Tomaten-Oliven-Creme darüber.
3. Belege den Burger mit Salat und Sprossen deiner Wahl.

SCHWIERIGKEITSGRAD

BURGER-REZEPTE 133

BCG-TIPP
Wer es eilig hat oder wem der Aufwand zu groß ist, kann auf vorgekochte Kichererbsen aus dem Glas oder der Konserve zurückgreifen, denn diese können direkt weiterverarbeitet werden.

KARTOFFELRÖSTI-BURGER

DU BRAUCHST:

160 g Rindfleisch aus Nacken und Schulter

1 Bun

200 g Parmesan

Salat (Lollo Rossa, Lollo Bionda, Rucola oder Frisée)

FÜR DIE MOJO AMARILLO:

1 gelbe Paprika

3 Knoblauchzehen

1 grüne Chilischote

1 Zitrone

4 EL Orangensaft

2 EL Weißweinessig

100 ml Olivenöl

3 EL Semmelbrösel

Salz, Cayennepfeffer

FÜR DAS KARTOFFELRÖSTI:

300 g mehligkochende Kartoffeln

Salz

1 EL Butter

1 EL Speiseöl

FÜR DIE RATATOUILLE:

1 Knoblauchzehe

½ Zwiebel

je ½ rote und gelbe Paprika

½ Zucchini

½ Aubergine

1 EL Tomatenmark

Salz, Pfeffer

je 1 TL Rosmarin und Thymian

1 TL Olivenöl

PATTY

1. Das Rindfleisch wird aus dem Nacken und der Schulter zusammengewolft.
2. Forme es und presse es zu einem 160 g schweren Patty.
3. Brate das Patty bis zur gewünschten Garstufe.

MOJO AMARILLO

1. Ofen vorheizen (220 °C Ober-/Unterhitze / 200 °C Umluft).
2. Die Paprika waschen, abtupfen, halbieren und entkernen.
3. Ein Backblech mit Backpapier belegen, die Paprikahälften mit den Schnittflächen nach unten auf das Blech legen und auf mittlerer Schiene 10-12 Min. lang rösten.
4. Wenn die Paprikahaut schwarz wird und Blasen zu werfen beginnt, das Blech aus dem Ofen nehmen, die Paprika abgedeckt kurz ruhen lassen und dann die Haut abziehen.
5. Den Knoblauch schälen, die Chili waschen, entstielen und entkernen.
6. Die Zitronenschale abreiben, den Saft auspressen.
7. Das Paprikafruchtfleisch mit Knoblauch, Chili, Zitronenschale, 4 EL Orangensaft, 2 EL Essig und 100 ml Olivenöl pürieren.
8. 3 EL Semmelbrösel unterrühren. Mit Salz, Cayennepfeffer und dem Zitronensaft abschmecken.

KARTOFFELRÖSTI

1. Kartoffeln waschen, schälen und grob reiben. In ein Tuch geben, Flüssigkeit herausdrücken und die Masse mit Salz bestreuen.
2. Butter und Öl in einer beschichteten Pfanne hellbraun aufschäumen lassen.
3. Pfanne 2 cm hoch mit geriebenen Kartoffeln bedecken. Die Masse mit einem Pfannenwender fest an den Pfannenboden drücken und in 5 Min. langsam goldgelb bis hellbraun braten. Rösti mithilfe eines leicht geölten Tellers wenden und die zweite Seite ebenfalls 5 Min. lang bräunen.

RATATOUILLE

1. Schneide eine Knoblauchzehe und die Zwiebel in feine Würfel.
2. Rote und gelbe Paprika, Zucchini und Aubergine klein würfeln.
3. Alles in einen Topf geben, mit 1 EL Tomatenmark vermengen, Salz und Pfeffer hinzugeben.
4. Mit Rosmarin und Thymian würzen und mit 1 TL Olivenöl vermengen.

PARMESANCHIP

1. Bestreue ein Backpapier großzügig mit geriebenem Parmesan, sodass eine größere Fläche mit Parmesan fein bedeckt ist.
2. Lege das Backpapier nun vorsichtig für 50 Sekunden auf höchster Stufe in die Mikrowelle. Im Ofen dauert die Zubereitung ca. 5 Min. bei 200 °C.
3. Solange die Masse noch warm ist, kannst du den Parmesanchip biegen und schneiden.

BURGER-REZEPTE | 135

ANRICHTEN
Bestreiche das untere Bun mit der Mojo Amarillo, lege den Kartoffelrösti darauf und füge reichlich Ratatouille hinzu. Der gebogene Parmesanchip kommt über die Ratatouille. Salat deiner Wahl und noch etwas Soße drauf – fertig!

SCHWIERIGKEITSGRAD

ZIEGENKÄSE-BURGER

DU BRAUCHST:

160 g Rindfleisch aus Nacken und Schulter

1 Bun

50 g Ziegenkäse in Scheiben

2 Stück eingelegte Paprika

3-4 rote Zwiebelscheiben

Salat (Lollo Rossa, Lollo Bionda, Rucola oder Frisée)

FÜR DIE JOGHURTCREME:

100 ml Vollmilchjoghurt

Salz, Pfeffer

1 TL getrocknetes Oregano

1 TL getrockneter Basilikum

1 Schuss Zitronensaft

PATTY

1. Das Rindfleisch wird aus dem Nacken und der Schulter zusammengewolft.
2. Forme es und presse es zu einem 160 g schweren Patty.
3. Brate das Patty bis zur gewünschten Garstufe.
4. Belege das noch warme Patty mit dem Ziegenkäse.

JOGHURTCREME

Vermenge den Vollmilchjoghurt mit dem Gewürzen und dem Zitronensaft.

ANRICHTEN

Bestreiche das untere Bun mit Joghurtcreme und lege darauf die eingelegten Paprikastücke. Darauf kommt dann das heiße Patty sowie Zwiebelringe und Salat deiner Wahl.

SCHWIERIGKEITSGRAD

BURGER-REZEPTE 137

ROYAL BRITAIN BURGER

DU BRAUCHST:

160 g Rindfleisch aus Nacken und Schulter

1 Bun

50 g Blue Stilton

Salat (Lollo Rossa, Lollo Bionda, Rucola oder Frisée)

FÜR DIE GRAVY:

1 Zwiebel

100 g Margarine

1 Handvoll Pilze (z.B. Austernpilze)

100-150 ml Fleischbrühe

1 EL Tomatenmark

Salz, Pfeffer

evtl. Soßenbinder

PATTY
1. Das Rindfleisch wird aus dem Nacken und der Schulter zusammengewolft.
2. Forme es und presse es zu einem 160 g schweren Patty.
3. Brate das Patty bis zur gewünschten Garstufe.
4. Lege den Käse über das noch warme Patty, damit er schön zerläuft.

GRAVY
1. Die Zwiebel fein hacken und in der Margarine ca. 5 Min. anbraten.
2. Die Pilze hacken, hinzufügen und ein paar Min. mitbraten.
3. Mit Fleischbrühe ablöschen.
4. 1 EL Tomatenmark einrühren und die Soße einige Min. köcheln lassen. Mit Salz und Pfeffer abschmecken.
5. Falls die Soße zu dünn ist, kannst du Soßenbinder einrühren.

ANRICHTEN
Bestreiche beide Bun-Innenhälften mit der Gravy. Belege die untere Hälfte mit Salat. Das heiße Patty legst du obendrauf inklusive weiterem Salat. Darüber reichlich Gravy träufeln.

SCHWIERIGKEITSGRAD

BURGER-REZEPTE 139

SURF'N'TURF-BURGER

DU BRAUCHST:

160 g Rindfleisch aus Nacken und Schulter

1 Bun

80 g geschälte Gambas (Riesengarnelen)

3 EL Knoblauchöl

2-3 Tomatenscheiben

Salat (Lollo Rossa, Lollo Bionda, Rucola oder Frisée)

FÜR DIE SAUCE BÉARNAISE:

½ Schalotte

½ TL weiße Pfefferkörner

1 TL Olivenöl

2 Estragonstiele

2 EL Estragonessig

50 ml Weißwein

2 Eigelb

2 Kerbelstiele

100 ml Ghee (geklärte Butter)

Salz, Pfeffer

1 Schuss Zitronensaft

PATTY

1. Das Rindfleisch wird aus dem Nacken und der Schulter zusammengewolft.
2. Forme es und presse es zu einem 160 g schweren Patty.
3. Brate das Patty bis zur gewünschten Garstufe.
4. Die geschälten Gambas in Knoblauchöl anbraten.

SAUCE BÉARNAISE

1. Schalotte schälen und in feine Ringe schneiden. Pfefferkörner im Mörser grob zerdrücken. Beides im Öl leicht anschwitzen (es soll nicht braun werden). 1 Estragonstiel, 2 EL Estragonessig und 50 ml Weißwein zugeben, auf 50 ml einkochen und abkühlen lassen.
2. 2 Eigelb in einen Simmertopf oder ins Wasserbad geben, die Schalotten-Estragon-Reduktion durch ein Sieb dazugießen. Die Soße im heißen Wasserbad cremig aufschlagen. Abkühlen lassen.
3. Restlichen Estragon und den Kerbel klein hacken.
4. Lauwarmes Ghee zuerst tropfenweise, dann in dünnem Strahl unterschlagen. Mit den gehackten Kräutern, Salz, Pfeffer und Zitronensaft würzen.

ANRICHTEN

1. Auf das untere Bun kommen Salat und frische Tomaten.
2. Auf das Patty werden die Gambas verteilt und mit reichlich Sauce béarnaise beträufelt. Darüber legst du Salat deiner Wahl und gibst den Rest der Sauce béarnaise dazu.

SCHWIERIGKEITSGRAD

BURGER-REZEPTE 141

4. KAPITEL

BURGER
BEILAGEN

BURGER-BEILAGEN

DIE KARTOFFEL KOMMT NACH EUROPA

Bereits im 3. Jahrhundert nach Christus haben die Inkas den Nutzen der wertvollen Knolle aus der Pflanzengattung der Nachtschattengewächse erkannt. Die Kulturgeschichte der Kartoffel nahm ihren Anfang in den Anden in Südamerika. Dort wurden die Feldfrüchte in den Bergen angebaut. In den Bergen? Richtig gelesen! Die Inkas entwickelten schon damals eine Art des Gefrierverfahrens, um nicht hungern zu müssen. Bereits im Juni, wenn es tagsüber sehr warm war und über Nacht stark abkühlte, trugen die Inkas einen Teil ihrer Ernte in die Berge. Die Knollen froren nachts ein und die Pflanzenzellen platzten aufgrund des in ihnen enthaltenen Wassers auf. Am Tag erwärmte die Sonne die Kartoffeln so stark, dass sie auftauten und der Kartoffelsaft auslief. Aus dem augepressten Kartoffelsaft stellten die Inkas „Chakta" her, Kartoffelbier. Die Reste der Kartoffel wurden schon damals zu Nahrungszwecken verwendet.

Historikern zufolge gelangte die Kartoffel im 16. Jahrhundert erstmalig durch spanische Seefahrer, die Südamerika erobern wollten, nach Europa. Sie plünderten die Schätze der Indios, unter denen sich auch die wertvollen Knollen befanden. Niemand ahnte, welchen Wert die Kartoffel einst für Europa haben sollte. Die Frage, mit welchem Schiff das Grundnahrungsmittel der Menschen es tatsächlich nach Europa geschafft hat, ist bis heute nicht geklärt. Es wird immer noch darüber gestritten, ob Christoph Kolumbus den Erdapfel in die weite Welt getragen hat. Eine andere Hypothese: Der spanische Admiral Cieza de Léon ist der Entdecker. Auch der Freibeuter Sir Francis Drake wird als Kartoffelheld gefeiert. Aber noch interessanter ist, wie sich die Kartoffel in Europa ausgebreitet hat.

Zuerst begann man die wertvolle Knolle als Gartenpflanze zu nutzen. Sie zierte prachtvolle Gärten und galt als schöne Pflanze mit herrlichem Vanilleduft, wenn sie blühte. Königin Marie Antoinette soll die schönen bläulich-lilafarbenen Kartoffelblüten als Haarkranz getragen haben. Der eigentliche Nutzen der Kartoffel blieb zunächst verborgen und die exotische Knolle aus Übersee galt in den Kreisen der feinen Gesellschaft als Tauschobjekt oder Geschenk. Die Kartoffel sah aus wie eine kleine, braune, runzelige Trüffel. Daher stammen auch Bezeichnungen wie Tartufulo, Tartaufe und Tartuffel. Ab dem 17. Jahrhundert wurde in Italien die Knolle an das Vieh verfüttert. Die französischen Nachbarn verfuhren ebenso und gaben dem eigentlich so wertvollen Erdgewächs den Namen „Schweinebrot".

Als man sich traute, die Kartoffel auch zu verzehren, war zunächst nicht ganz klar, wie man die Kartoffel zubereiten soll oder was man von ihr verspeisen darf. Viele haben die Erdknolle nicht richtig zubereitet und daher kam es zu Vergiftungserscheinungen. Die oberirdischen Teile der Pflanze, vor allem die grünen Kartoffeln, die Beeren und die Keimlinge der Knolle sind stark giftig. So kam das oberirdische Gewächs aus Übersee in den Ruf, eine „Giftpflanze" zu sein.

Die Kartoffel hatte es somit schwer in Europa. Erst wurde der Nahrungszweck nicht erkannt, dann wurde sie völlig falsch verwendet und verspeist. Von der Kirche wurde sie als Teufelsgewächs gebrandmarkt, nachdem sich mehr und mehr Menschen damit vergiftet hatten. Als man aber erkannt hatte, dass es sich um ein überaus wichtiges Nahrungsmittel handelt, wurde die Knolle gelobpreist und mit Weihwasser besprengt.

Wie kam es nun dazu, dass die Erdfrucht in Preußen auch als Nahrungsmittel angesehen wurde? Ein „Kartoffelbefehl", der von Friedrich dem Großen 1746 erlassen worden war, hatte die Bauern dazu gebracht, die Kartoffel anzubauen. Seine Taktik war so ausgeklügelt, dass man bis heute den Alten Fritz mit Kartoffeln in Verbindung bringt. Zu seinem 300. Geburtstag am 24. Januar 2012 wurden nicht nur Blumen auf sein Grab gelegt, sondern auch Kartoffeln. Aber zurück zur Verbreitung: Friedrich der Große befahl seinen Soldaten nach einer schrecklichen Hungerperiode ein Feld voller Kartoffeln zu bewachen, um die Bauern neugierig zu machen. Und siehe da: Die Bauern fragten sich, was so Wertvolles unter der Erde steckt, dass es bewacht werden muss – und stibitzten die Knollen für den eigenen Anbau. Die Kartoffelverbreitung explodierte.

Obwohl die Kartoffel so wertvoll an Nährstoffen und sättigend ist, wurde sie als Arme-Leute-Essen bekannt. Warum? In Irland zum Beispiel, das im 17. Jahrhundert eine englische Kolonie war, blieb den Bauern meist nur die Kartoffel als einzige Nahrungsquelle.

Auch als Zahlungsmittel und Tauschobjekt wurde sie verwendet. So wurden mit der Knolle Pachtzinsen für Ländereien gezahlt. In Irland konzentrierte man sich auf den Kartoffelanbau und der Getreideanbau spielte nur noch eine untergeordnete Rolle. Ende des 18. Jahrhunderts bedrohte eine schreckliche Kartoffelfäule das irische Volk. Das Innere der Kartoffel beginnt sich bei der Knollenfäule (auch Braunfäule genannt) braun zu verfärben. Das Hauptnahrungsmittel der Iren wurde komplett vernichtet. Eine schwere Hungersnot, die bis zu zwei Millionen Menschen das Leben kostete, war die Folge.

WISSENSWERTES ÜBER DIE KARTOFFEL

VERWANDTSCHAFT UND GIFT

Die Kartoffel ist ein Nachtschattengewächs. Aber was genau ist ein Nachtschattengewächs? „Trost" und „Beruhigung" bedeutet übersetzt der lateinische wissenschaftliche Name „solanum". Die meisten Nachtschattengewächse haben eine schmerzstillende und einschläfernde Wirkung. Darauf geht der deutsche Name „Nachtschattengewächs" zurück: Die Schatten der Nacht senken sich auf einen nieder. Von Kartoffeln werden also Schmerzen gestillt? Nicht ganz! Die Kartoffel ist verwandt mit der Tomate, dem Tabak und der Tollkirsche. Die Pflanzengattung enthält in unterschiedlichen Mengen die Gifte Solanin und Atropin, welche beim Menschen Schweißausbrüche, Durchfall, Krämpfe und Atemlähmung auslösen und sogar zum Tod führen können. Der giftigste Vertreter der Nachtschattengewächse ist die Tollkirsche, bei der nur eine Handvoll Beeren ausreicht, um einen Menschen zu töten.

Die grünen, oberirdischen Früchte der Kartoffelknolle sind, wie wir bereits wissen, giftig – sie enthalten Solanin. In früheren Jahrhunderten wussten die Menschen noch nicht, dass der genießbare Teil die unter der Erde befindliche Sprossverdickung ist und die grünen Stellen an der Schale giftig sind. Durch das Schälen und Entfernen der Keime und der grünen Stellen wird das meiste Solanin bereits entfernt. Beim Kochen der Kartoffel löst sich das restliche Solanin im Kochwasser auf. Übrigens: Viele glauben, dass die Süßkartoffel mit der Kartoffel verwandt ist. Die Süßkartoffel gehört aber zu den Windengewächsen und ist somit nur sehr entfernt mit der Kartoffel verwandt.

Als frittierte Beilage zum Burger schmeckt die süßliche und orangenfarbene Süßkartoffel aber ebenso gut.

ERNTE UND PRODUKTE

Es dauert ganze vier Monate, bis aus den Samen vollentwickelte Pflanzen herangewachsen sind. In Deutschland werden nur circa 140 der insgesamt 4.000 verschiedenen Kartoffelsorten angebaut, die zu unterschiedlichen Zeiten im Jahr reifen. Frühkartoffeln werden schon ab Juni geerntet. Deren hauchdünne, zarte Schale ist zum Verzehr geeignet, jedoch ist die Lagerung nicht zu empfehlen, da Frühkartoffeln schnell faulen. Winterkartoffeln oder auch Spätkartoffeln werden zwischen August und Oktober geerntet. Eine dunkle und kalte Lagerung hat eine längere Haltbarkeit zur Folge.

An einer Pflanze hängen mindestens 16 Knollen. Unterschiedliche Pflanzenarten auszusäen ist nicht üblich. Das bedeutet, dass keine Mischkulturen angebaut werden – das hält den Ernteertrag hoch. In regelmäßigen Abständen jäten die Bauern Unkraut, um den Ernteprozess der Knollen zu vereinfachen. Die Kartoffeln holt man beim Eigenanbau mit der sogenannten Grabgabel aus der Erde. Dabei wird die Erde vorsichtig gelockert und die Knolle im Idealfall mit den Händen herausgeholt. Großbetriebe, die auf Kartoffelanbau spezialisiert sind, ernten Kartoffeln mit speziellen Maschinen und Fahrzeugen.

Es gibt große, kleine, winzige, dunkle, helle, lilafarbene, rote, gelbe, blaue, länglich gebogene und rundliche Kartoffeln. Man unterscheidet Kartoffelsorten aber nicht nur nach Farbe und Form, sondern auch nach ihren jeweiligen Kocheigenschaften. Deutsche Sorten tragen weibliche Namen – von der festkochenden Adelina bis hin zur mehligkochenden Ventura. Festkochende Kartoffelarten zeichnen sich durch ihre Schnittfestigkeit aus. Sie eignen sich am besten für die Zubereitung von

Salaten, Bratkartoffeln oder Gratins. Pürees, Eintöpfe oder Klöße wiederum werden aus mehligkochenden Sorten zubereitet, die nach dem Kochen fast von alleine auseinanderfallen. Vorwiegend festkochend bedeutet, dass die Kartoffel im gegarten Zustand eine mittelfeste bis weiche Konsistenz aufweist. Als ideale Burger-Beilage spielt die Speisekartoffel Laura eine bedeutende Rolle, da sie sich perfekt für Pommes eignet.

Speisekartoffeln sind für den Verzehr gedacht, Stärkekartoffeln sind industriellen Zwecken vorbehalten. Die Erdknolle ist also nicht nur ein Grundnahrungsmittel und Rohstoff für Fertigprodukte wie Chips, Fertigsalate, Klöße und Pommes, sondern auch Stärkelieferant für Industrieprodukte wie Kunststoffe, Baustoffe, Reinigungsmittel oder Textilien. Wusstest du, dass aus der Stärkekartoffel unter anderem Wodka hergestellt wird? Aus Stärke wird nämlich auch Alkohol gewonnen. Ja, genau die Flüssigkeit, die oft in rauen Mengen in der Nacht vor dem Hangover-Burger serviert wird.

Im Bundessortenamt werden sämtliche Kartoffelsorten erfasst, damit alles schön übersichtlich bleibt. Insgesamt gibt es drei große Pflanzenzüchter in Europa. Einer davon, Europlant, vergibt die Lizenz für Laura – unsere Pommessorte.

> **WISSENSBITE**
>
> In früheren Zeiten haben Kartoffeln nicht nur gesättigt, sondern auch viele Hände gewärmt. Im Winter wurden heiße Kartoffeln in die Manteltaschen gelegt und so blieben die Hände an kalten Tagen warm.

NÄHRWERTE

Die gesunde Wunderknolle besteht aus bis zu 70 Prozent Wasser. Daneben enthält sie wichtige Mineralstoffe wie beispielsweise Phosphor und Calcium. Der Vitamin-C-Gehalt ist genauso hoch wie bei einem Apfel und sie liefert das für den Körper wichtige Vitamin B. Bereits zwei Kartoffeln decken den Tagesbedarf an Vitaminen eines Erwachsenen. Frisch geerntete Kartoffeln enthalten etwa 18 Prozent Stärke, 2,2 Prozent Eiweiß, ein Prozent Mineralstoffe, 1,1 Prozent Vitamine, 2,5 Prozent Ballaststoffe und 0,1 Prozent Fett. Ungefähr 75 Prozent des Trockengewichts besteht aus Kohlenhydraten. Deutschlands größtes Ernährungsportal Eatsmarter erklärt, dass Kartoffeln nicht dick machen. Die Knolle wird hier sogar als „Schlankmacher" bezeichnet. Auf rund 100 Gramm kommen tatsächlich lediglich 70 Kilokalorien. Die Kartoffel sättigt und ist für kostenbewusste Esser günstiger als Reis, Brot oder Nudeln. Dank der beeindruckenden Nährwerte könnte ein Mensch sich ausschließlich von Kartoffeln ernähren, ohne zu verhungern. Doch wie trist wäre dann das Leben – angesichts all der leckeren Burger?

VON FRITTEN, FRITTENBUDEN UND FRITURISTEN

Doch wie wurden aus der Kartoffel Pommes? Die alten Ägypter taten es, die Griechen ebenso: Nahrungsmittel in heißem Öl zubereiten. Das Verfahren der Zubereitung von Speisen im heißen Fett wurde über die Jahrhunderte verfeinert. Belgien soll das Geburtsland der Pommes sein. Im 17. Jahrhundert waren in einem Winter die Seen zugefroren und eines der Hauptnahrungsmittel der Belgier, Fisch, fand sich kaum noch auf den Tellern. Die Belgier ließen ihrer Kreativität freien Lauf, schnitzten Fische aus Kartoffeln und frittierten diese in heißem Fett – fertig war das Fischimitat. Die Pommes waren erfunden. In Belgien galt von da an die fettige Speise als nationales Heiligtum. In der Hauptstadt Brüssel gibt es eine Frittenbude namens „Maison Antoine", bei der man mittags bis zu einer Stunde anstehen muss, um den heiß begehrten Kartoffelsnack zu ergattern. Würste und Brathähnchen werden dort ebenso angeboten, aber kaum jemand interessiert sich für sie. Als nächsten Tagestrip empfehlen wir somit eindeutig Brüssel und einen Stopp im „Maison Antoine". Vergesst aber nicht, etwas Zeit mitzubringen.

In Belgien gibt es sogar den Beruf des Frituristen. So nennt man dort einen Pommeskoch. Laut einer Statistik gehen 96 Prozent der Belgier mindestens einmal im Jahr in die Frittenbude, 46 Prozent sogar mindestens einmal pro Woche. Die große Kunst des Frittierens ist das Zuhören. Ein belgisches Sprichwort besagt: Die Pommes muss tanzen, schwimmen und singen. Hier ist Feingefühl gefragt. Der Sound einer fertigen Portion Pommes besteht aus hellem Zirpen. Ein gelernter Friturist beherrscht diese Wissenschaft und weiß, wann die Pommes auf den Punkt außen knusprig und innen weich sind. In die Kunst des Frittierens werden wir dich im Folgenden auch einweisen.

Und jetzt mal ganz im Ernst: Was wäre der Burger ohne seine unangefochtene Beilage Nummer 1? Das wäre ja fast wie Pech ohne Schwefel oder Bonny ohne Clyde. Burger *und* Pommes, bitte. Die frittierte Lieblingsbeilage eines jeden Burger-Freundes ist und bleibt die knusprige, goldbraune Portion Pommes frites. Die länglichen Kartoffelstäbchen werden weltweit solo oder als Beilage zu Fisch und Fleisch vertilgt. Längst gilt der Snack nicht mehr als Arme-Leute-Essen. Mittlerweile haben Pommes frites auch in Gourmetküchen Einzug gehalten. Zu saftigen Steaks oder köstlichen Meerestieren werden sie als Sideorder bestellt. Und als waschechter Burger-Fan isst man bei größerem Hunger die originalgetreue und einzig wahre Beilage dazu.

WISSENSBITE

Wusstest du, dass die Perfektion der Pommes auch wetterabhängig ist? Je kälter es draußen ist, desto heißer muss das Fett nach der Ruhepause sein. Immer an das belgische Sprichwort denken: tanzen, schwimmen, singen. Die Pommes müssen auf der Oberfläche tanzend schwimmen und sollen dabei einen hellen Ton abgeben. Doch genug der Philosophie – bei circa 160 °C heizt man den Kartoffelstäbchen ordentlich ein. Unser Rezept für perfekte Pommes findest du auf den folgenden Seiten.

„Pomme de terre" heißt auf Französisch „Kartoffel" (eigentlich „Erdapfel", „pomme" heißt „Apfel" und „terre" heißt „Erde") und „frire" bedeutet „braten" – „pomme de terre frite" ist also gebratener Erdapfel. In der Systemgastronomie und vielen Imbissen werden überwiegend Tiefkühlpommes verwendet. Die schmecken oft gar nicht schlecht, wir meinen aber: Frische Pommes sind immer noch am besten. Hier ist ein einfacher Frischetest, wenn du dir das nächste Mal im Burger-Laden nicht sicher bist, ob deine Pommes frisch oder Tiefkühlware sind: Brich eine Pommes in der Mitte durch und drück das Innere heraus. Der Unterschied zwischen einer frischen Pommes im Vergleich zu einer tiefgekühlten ist, dass bei Ersterer mehr Püree rauskommt.

WISSENSBITE

McDonald's wird von unserer Community hart kritisiert, aber in Sachen Umweltschutz handelt das Unternehmen in einer Hinsicht vorbildlich: In den Sommermonaten nutzen die McDonald's-Lastkraftwagen das alte Fett aufbereitet als Biodiesel.

ZUBEREITUNG

Die Zubereitung mit Sonnenblumenöl ist mittlerweile überholt. Inzwischen kommen andere Fette wie Erdnussöle oder Gansfett zum Einsatz. Gehärtete Fette eignen sich am besten zum Frittieren. Hierbei bilden sich auf den Lebensmitteln aromatische Röststoffe (Maillard-Reaktion) und trockene Krusten. Große Systemgastronomien arbeiten mit dem günstigeren Palmfett, welches laut Ernährungswissenschaft nur in geringer Menge verzehrt werden sollte. Mit frischem Fett bekommt man den röstaromatischen Geschmack schlecht hin. *Tipp der BCG-Crew: Füge eine Tasse altes Fett hinzu, um den Geschmack der Pommes zu intensivieren.*

Beim Aufschneiden der Kartoffeln muss die austretende Stärke mit heißem Wasser abgewaschen werden, damit die Pommes beim Frittieren nicht braun werden. Je länger die Pommes sind, desto mehr Fläche hat das Fett, um einzudringen. Je dicker die Pommesstäbchen, desto mehr Kartoffelgeschmack und Kartoffelfleisch im Inneren. Und mit der richtigen Zubereitung kann nichts schiefgehen. Pommes frites gelingen am besten, wenn sie vorher eingefroren und im Anschluss doppelt frittiert werden. Durch das Einfrieren vergrößert die Kartoffel ihr Volumen. Beim ersten Frittiervorgang werden die Pommes durchgekocht und innen warm. Wenn man sie in das heiße Fett gibt, öffnen sich die Poren und saugen das Fett besser auf. (Bei Kartoffelstäbchen, die nicht vorher eingefroren waren, sind die Poren kleiner. Sie nehmen beim Frittiervorgang entsprechend langsamer und weniger Fett auf. Das Ergebnis: Die Pommes sind labbriger und weicher.) Die Pommes werden nach dem ersten Frittieren herausgeholt, um für zehn Minuten an der Luft zu ruhen. Beim zweiten Frittiervorgang wird die Knusprigkeit erreicht.

WISSENSBITE

Einen Fettbrand sollte man niemals mit Wasser löschen! Wenn es doch einmal zur Flammenbildung kommen sollte, dann decke den Topf mit einem Deckel ab. Das sorgt dafür, dass dem Feuer der Sauerstoff entzogen wird. Der Flammpunkt von Frittieröl wird durch Verunreinigungen herabgesetzt, 250-300 °C sollten nicht überschritten werden!

CHECK- UND EINKAUFSLISTE

Für die Zubereitung – vom Kartoffelschälen bis zum Frittieren – werden vom Kartoffelschäler bis hin zum Küchenpapier diverse Küchenutensilien benötigt. Für die verschiedenen Zubereitungsarten haben wir eine Check- und Einkaufsliste zusammengestellt.

POMMES IM TOPF:
- Überwiegend festkochende bis festkochende Kartoffeln (BCG-Empfehlung: Sorte Laura)
- Kartoffelschäler
- Schneidebrett
- Küchenpapier
- scharfes Messer
- Schale
- Wasser
- Topf mit passendem Deckel
- Fett oder geeignetes Frittieröl
- Pfannenwender oder Schaumkelle
- Thermometer
- Gewürze

POMMES IN DER PFANNE:
Alle oben genannten Utensilien, allerdings wird der Topf durch die Pfanne ersetzt.

POMMES IM BACKOFEN:
Backofen, Ofenhandschuhe, Backpapier und etwas Olivenöl, falls gewünscht. Wer sich für die Backofenzubereitung entscheidet, möchte in erster Linie Fett sparen.

POMMES AUS DER FRITTEUSE:
Eine Fritteuse deiner Wahl und alle Zutaten für Pommes aus dem Topf. Die erste automatische Fritteuse soll übrigens von einem Australier erfunden worden sein. Der Heizstab in der Fritteuse sorgt für die gleichmäßige und gleichbleibende Temperatur in der Wanne voll Fett. Mit einem Sieb hebst du die Portion aus der Wanne.
Heutzutage nutzen auch Gourmetköche die Fritteuse. Auf dem Markt gibt es diverse Geräte für das Frittieren: normale Frittierfetterhitzer, Kaltzonenfritteusen und Heißluftfritteusen. Die Geräte unterscheiden

---

WISSENSBITE

Backofenpommes haben einen geringen Fettgehalt, da du entscheiden kannst, wie viel Öl oder Butter du über die Pommes träufelst. Für die kalorienreduzierte Ernährung sind also Pommes aus dem Backofen die bessere Wahl.

BCG-TIPP:

Benutze zusätzlich fettaufsaugendes Backpapier für fettarme und knusprige Backofenpommes. Dieses Backpapier saugt nicht nur Fett auf, sondern auch Feuchtigkeit. So werden die Pommes schön knusprig.

sich in puncto Größe, Stromverbrauch, Fettbedarf, Filteranlage und Reinigungsfreundlichkeit.

Mittlerweile findet man auf dem Markt völlig neue Technologien für die Pommeszubereitung. Eine Fritteuse ganz ohne Fett, die sogenannte Heißluftfritteuse, ist die erste Wahl für den ernährungsbewussten und sportlichen Pommesfreund. Diese moderne Methode für gesunde Pommes wird derzeit sehr angepriesen, da das Gerät viele Vorteile bietet. Es ist kein Geheimnis, dass der fettige Snack dick machen kann. Der erste Schritt, den Fettanteil zu reduzieren, waren tiefgefrorene Backofenpommes. Heißluftfritteusen funktionieren mit heißem Luftstrom. Bei diesen Geräten werden die Pommes in heißer Luft „gebadet". Die Heißluft-Fritten haben insgesamt nur drei Prozent Fettgehalt. Die Kalorienzahl hält sich in Grenzen und es entstehen keine schädlichen Fettverbindungen. Bemerkenswert ist auch der typische kartoffelige Geschmack – trotz der fettfreien Zubereitungsmethode. Und ein letztes großes Plus: Es entsteht kein Frittiergeruch in der Wohnung.

Kleinere und größere Helfer für die perfekten Pommes frites kann man günstig im Internet erwerben. Für eingefleischte Pommesfans ist der Pommesschneider eine große Hilfe. Das kleine Gerät ähnelt einer manuellen Orangensaftpresse, allerdings ist hier ein Schneideelement vorhanden. Man wählt zunächst das Gitter für die gewünschte Pommesdicke aus. Dann wird die Kartoffel geschält, in das Schneideelement eingelegt und durch das schneidende Gitter gepresst. Es entstehen perfekte, einheitliche Pommes frites. *BCG-Tipp: Dieses Küchengerät eignet sich auch hervorragend für das Aufschneiden von Obst.*

AUSFLUG ZUM KARTOFFELBAUERN

Zum Kartoffelkapitel gehört es sich auch, dass die BCG-Crew einen richtigen Kartoffelbauern besucht. An einem herrlichen Spätsommertag haben wir uns aufgemacht und sind in das circa 120 km von Berlin entfernte Burg im Spreewald gefahren. Hier findet alljährlich das Heimat- und Trachtenfest statt. Die Dorfbewohner treffen sich traditionell zum Kartoffelschneiden, huldigen der Wunderknolle mit Tanz und Gesang und verspeisen Unmengen Kartoffeln mit Quark und Leinöl und in unzähligen weiteren Variationen. Wer hätte das gedacht? Aus dem Spreewald kommen nicht nur die weltbesten Gewürzgurken, die neben

ihrer Funktion als Burger-Zutat auch ab und an als Sideorder verspeist werden, sondern auch diverse Kartoffelsorten.

Bei unserem Ausflug in den Spreewald haben wir nach einem richtigen Kartoffelbauern gesucht – und einen gefunden. Wilfrid Baronick, leidenschaftlicher Gemüsebauer, hat uns alles über die Kartoffelernte erzählt. Er ist mit seinen fünf Geschwistern auf einem Bauernhof aufgewachsen. Der gelernte Agrotechniker mit einem Gartenbau-Studium an der Berliner Humboldt-Universität und einer Doktorarbeit zum Spargelanbau leitet heute als Hofchef sein erfolgreiches Familienunternehmen. Baronick hat den Trend erkannt: Immer mehr Verbraucher wollen frisches Gemüse aus der Umgebung und kaufen es direkt beim Erzeuger. So auch seine Kunden. Die sind nämlich neugierig, woher das Gemüse stammt und wie es angebaut wird. Man merkt ihm seine Leidenschaft an, wenn er uns von seiner Ernte und seinem Bauernhof erzählt.

Neben dem Gemüseanbau, darunter Artischocken, Knollenfenchel, rote Karotten, Andenbeeren und Kartoffeln, hält er auf seinem Bauernhof 40 Sattelschweine und einige Pommerngänse, die vom Aussterben bedroht sind. Auf die Idee der Tierzucht ist er mit seiner Familie gekommen, da nach jedem Mal auf dem Wochenmarkt übrig gebliebenes Gemüse verwelkt war und weggeworfen werden musste – Recycling im bäuerlichen Sinne also. Baronick berichtet auch, dass er auf Einfachheit und Bewährtheit setzt. Er spart sich somit einen großen Teil der teuren Dünger- und Pflanzenschutzmittel. Dadurch hat sein Gemüse aber auch seinen Preis. Massenproduktion ist kein Thema für Baronick, lieber etwas mehr Liebe und Natur, lautet seine Devise. Er legt auch viel Wert auf samenechte Sorten. So haben er und der Kunde mehr davon. Von Baronick haben wir wertvolle Tipps und Tricks für die Zubereitung der Lieblings-Burger-Beilage erhalten. Die am besten geeignete Kartoffelart für Pommes heißt Laura. Diese Kartoffelsorte ist tiefgelb und schmeckt hervorragend als Pommes. Es handelt sich hierbei um eine vorwiegend festkochende Kartoffelart. Anders als die üblichen Kartoffeln hat sie eine rote Schale. Baronick hat uns zu seinem Stand mitgenommen und die Kartoffeln aufgeschnitten – was für eine saftige, wunderschöne Kartoffelsorte. Zu Hause haben wir gleich Pommes daraus gezaubert. Und der Bauer hat recht behalten: Es hat super geschmeckt.

BURGER-BEILAGEN 155

Wenn es mal wirklich selfmade sein soll, empfehlen wir den Einkauf auf dem Wochenmarkt in deiner Nähe. Ein Besuch im Spreewald oder bei einem Gemüsebauern ist noch viel spannender und man bekommt tolle Tipps kostenlos dazu. Übrigens, Gemüsebauer Wilfrid hat auch einen eigenen Onlineshop: www.gemuesehof-baronick.de

DER POMMES-GUIDE

BURGER-BEILAGEN 157

NORMALE POMMES

DAS BELIEBTE KARTOFFELGERICHT WIRD AUS MÖGLICHST GROßEN KARTOFFELN HERGESTELLT. WIE VON GEMÜSEBAUER BARONICK GELERNT UND VON UNS EMPFOHLEN, EIGNET SICH AM BESTEN DIE KARTOFFELSORTE LAURA – WEGEN DER GRÖßE, DER KOCHEIGENSCHAFTEN, DES GESCHMACKS UND DER TIEFGELBEN FARBE.

DU BRAUCHST:

FÜR 2 PERSONEN:

4-5 große Kartoffeln (Sorte Laura)

Rapsöl oder Olivenöl

1 EL Butter

Pommesgewürze (z.B. Paprikapulver, Salz, Pfeffer)

VORBEREITUNG

1. Kartoffeln schälen. Wenn die Schale dranbleiben soll (abhängig von der Kartoffelsorte), schrubbe sie mit einer Kartoffelbürste unter fließendem Wasser ab.
2. Schneide die Kartoffeln in 4-5 cm breite Stäbchen. Du kannst sie nun entweder frittieren oder backen.

ZUBEREITUNG IM BACKOFEN:

1. Den Backofen auf 200 °C vorheizen. Für eine Knusprigkeit wie beim frittierten Original nutzt man die Umluftfunktion.
2. Spüle die rohen Kartoffelstäbchen kurz mit heißem Wasser ab, um die austretende Stärke zu entfernen und somit zu verhindern, dass sie sich während des Frittiervorgangs braun färben.
3. Lege sie anschließend für 10 Min. in ein kaltes Wasserbad. Danach gut mit Küchenkrepp abtupfen, um die überschüssige Flüssigkeit vollständig zu entfernen.
4. Verteile die Kartoffelstäbchen gleichmäßig auf dem Backpapier. Verwende das von uns empfohlene Fett und Feuchtigkeit aufsaugende Backpapier, damit die Pommes noch knuspriger werden.
5. Beträufle die Pommes mit einem Öl deiner Wahl.
   BCG-Tipp: Verteile zusätzlich einige Butterflocken darauf für einen noch intensiveren Geschmack. Natürlich erhältst du nicht das gleiche Röstaroma wie beim Frittiervorgang, aber die Backofenpommes schmecken mit ein wenig Butter fast genauso gut.
6. Die Pommes ca. 25-30 Min. im Backofen goldbraun backen.
7. Die fertigen Kartoffelstäbchen in eine trockene Schale legen und kräftig mit Paprikapulver, Salz und Pfeffer würzen. Zum Verteilen der Gewürze die Schale kreiseln lassen oder hin und her schütteln.

NICE DUCK FRIES

DU BRAUCHST:

FÜR 2 PERSONEN:

4-5 große Kartoffeln
(Sorte Laura)

500 g Enten- oder Gänseschmalz

Gewürze deiner Wahl

1. Bürste die Kartoffeln unter fließendem Wasser ab und schäle sie.
2. Schneide die Kartoffeln einmal in der Mitte längs durch und halbiere die Hälften jeweils längs noch einmal.
3. Schneide 4-5 cm breite Spalten für die originale Pommesoptik.
4. Die Kartoffeln nach dem Aufschneiden mit heißem Wasser abspülen und für 10 Min. in ein Kaltwasserbad legen.
5. Die Kartoffelspalten mit Küchenkrepp sorgfältig abtupfen. Flüssigkeit in heißem Öl führt dazu, dass es spritzt und im schlimmsten Fall sogar zu einem Fettfeuer kommt.
6. Als Fett nutzen wir für die Nice Duck Fries Entenschmalz. *Achtung! Diese Schmalzsorte ist nur saisonal erhältlich und nicht gerade günstig. Ab November, wenn die Enten auf dem Teller landen, bekommt man das Schmalz häufiger im Einzelhandel.*
BCG-Tipp: Verwende andernfalls Gänseschmalz. Dieses günstigere tierische Fett findest du im Supermarkt neben Butter und Margarine durchgängig das ganze Jahr über.
7. Das Schmalz in einen Topf geben und auf 90 °C erhitzen, bis es vollständig flüssig wird.
8. Füge die Kartoffelspalten hinzu und gare sie ca. 15 Min. lang.
9. Rühre mit einer Schaumkelle zwischendurch vorsichtig um, um zu verhindern, dass die Pommesstäbchen aneinanderkleben. Hier musst du besonders aufpassen, denn ab einem gewissen Gargrad sind die Pommes ziemlich weich und können leicht brechen.
10. Fische die weichen, garen Kartoffelspalten mit der Schaumkelle heraus und lege sie zum Abtropfen auf Küchenkrepp oder auf das von uns empfohlene Fett und Feuchtigkeit aufsaugende Backpapier.
11. Die halbfertigen und abgekühlten Pommes in einen verschließbaren Gefrierbeutel füllen. Lege den Beutel 1 Std. lang in die Tiefkühltruhe.
12. Erhitze den Topf mit dem Schmalz nun auf 160 °C. Gib die gefrorenen Pommes hinein und rühre ab und zu vorsichtig um.
13. Wenn die Pommes nach 5-10 Min. im Fett an der Oberfläche schwimmen, kannst du sie herausholen und in eine mit Küchenkrepp ausgelegte Schüssel füllen.
14. Das Küchenkrepp entfernen, die Pommes kräftig nach persönlichem Geschmack würzen und die Schüssel gut durchschütteln. So verlieren die Pommes auch weiteres überschüssiges Fett.

BURGER-BEILAGEN 159

CURLY FRIES

DU BRAUCHST:

FÜR 2 PERSONEN:

4-5 große Kartoffeln
(Sorte Laura)

FÜR DIE MARINADE:

1 Ei

2 EL Mehl

1 Msp. Cayennepfeffer

1 TL Salz

1 TL Paprikapulver

1. Den Ofen auf 225 °C vorheizen. Ein Backblech mit dem Fett aufsaugenden oder mit normalem Backpapier auslegen.
2. Kartoffeln schälen. Mit dem Doppel-Curl-Cutter jeweils an der kurzen Seite der Kartoffeln ansetzen und den Cutter durchdrehen. Die Spiralen mit heißem Wasser abbrausen, danach für 10 Min. in ein kaltes Wasserbad legen und anschließend sorgfältig trockentupfen.
3. Für die Marinade das Ei mit dem Mehl und den Gewürzen zu einer klumpenfreien Masse vermischen.
4. Die Spiralkartoffeln durch die Marinade ziehen und gleichmäßig auf dem Backblech verteilen.
5. Blech in den vorgeheizten Ofen schieben und auf mittlerer Schiene ca. 10 Min. backen, dann wenden und weitere 10 Minuten backen. Du kannst die Curly Fries auch in der Fritteuse zubereiten.

WISSENSBITE

Wer keine Lust hat auf Schälen, Schneiden und Sauerei in der Küche, kann zu Tiefkühlpommes für den Backofen greifen. Man spart Zeit, in den meisten Fällen aber leider auch am Geschmack. Im Einzelhandel findest du diverse Alternativen – von den üblichen Pommes frites bis hin zu Kartoffelspalten, Wedges und Kroketten. Sie sind in der Regel bereits vorgewürzt.

SPEZIELLE POMMES

Mit der oben beschriebenen Technik lassen sich diverse Pommessorten zubereiten – von den Spiralkartoffeln, den Curly Fries, bis hin zu Wedges, Kartoffelecken. Wer Letztere zu Hause selbst zubereiten möchte, schneidet die Kartoffel einfach in Viertel oder Achtel und bereitet sie genauso zu wie Pommes im Topf, im Backofen oder in der Fritteuse.

Bei Curly Fries, den Spiralkartoffeln, ist die Zubereitung etwas aufwendiger. Um Spiralen hinzubekommen, kann man mit einem Apfelausstecher die Kartoffeln in längliche Stücke zerteilen und dann daraus vorsichtig mit einem Messer dünne Spiralen schneidet. Noch besser funktioniert das Zurechtschneiden mit einem sogenannten Doppel-Curl-Cutter. Diesen bekommt man im Handel, im Haushaltswarengeschäft oder im Internet. Falls dieser kleine Küchenhelfer nicht parat ist, kann man notfalls auch einen Rettichschneider dafür verwenden.

Selbst Chips werden in einigen Burger-Läden zum Burger serviert. Falls du auch einmal selbst gemachte Chips zu Hause ausprobieren möchtest, empfehlen wir dir, die Kartoffeln hauchdünn zu schneiden und dann wie üblich zuzubereiten.

WISSENSBITE

Kartoffelchips als Beilage sind gar nicht so unüblich. Im 19. Jahrhundert hat sich ein Gourmetkoch, so die Legende, die Finger wundgekocht, um einen hohen Gast zufriedenzustellen. Der hatte an seinen French Fried Potatoes stets etwas auszusetzen: Mal waren sie zu dick, mal zu dünn, mal zu weich. Nachdem der wählerische Gast das Gericht mehrfach hatte zurückgehen lassen, war der Koch so erbost darüber, dass er schließlich, um ihm eine Lektion zu erteilen, die Kartoffeln hauchdünn schnitt und sie extra knusprig frittierte. Doch zu seiner Überraschung war der Gast von diesen Chips derart begeistert, dass der Koch sie schließlich in seine Speisekarte aufnahm. Die Kartoffelchips waren geboren.

DIE SÜßKARTOFFEL

Die Süßkartoffel, auch Batata genannt, belegt den dritten Platz bei der Weltproduktion der Wurzelnahrungspflanzen. Sie ist keine Kartoffel, sondern eine richtige Wurzel. Die Windenknolle gehört zur botanischen Familie der Windengewächse und ist nicht mit der Kartoffel verwandt. Die Süßkartoffel wird auch oft mit der Topinambur verwechselt. Geografisch liegen Süßkartoffel und Kartoffel aber nicht so weit auseinander. Man vermutet, dass sie aus Mittel- und Südamerika stammt. In einer der Schatztruhen der Seefahrer aus dem 16. Jahrhundert war auf dem Rückweg aus Übersee auch die Süßkartoffel mit dabei. Als man ihr aphrodisierende und potenzsteigernde Wirkung andichtete, wurden vor allem die Engländer ganz hellhörig und versuchten, sie in ihrem kalten Klima anzubauen. Vergebens! Seither wurde die wärmeliebende Wunderknolle in großen Mengen ins Vereinigte Königreich importiert. Der größte Batataproduzent ist die Volksrepublik China mit circa 100 Millionen Tonnen jährlich. Zubereitet wird die Batata ähnlich wie die Kartoffel.

Eine Lagerungstemperatur von 13-15 °C ist optimal für das subtropische Gewächs. Die Süßkartoffel kann im Gegensatz zu der herkömmlichen

Kartoffel roh verspeist werden, da sie kein Solanin enthält. Dafür enthält sie den Wirkstoff Caiapo, der den Blutzuckerspiegel bei Diabetikern und allgemein die Cholesterinwerte sinken lässt. Außerdem besitzt sie den niedrigsten glykämischen Index aller Kartoffelsorten. Die Süßkartoffel hat so gut wie kein Fett und besteht fast nur aus hochwertigen und komplexen Kohlenhydraten. Eine mittelgroße Süßkartoffel enthält mehr Ballaststoffe als eine Portion Haferflocken. Selbst die Blätter der Süßkartoffel können, anders als die der herkömmlichen Kartoffel, verzehrt werden. In einigen lateinamerikanischen Regionen und in asiatischen Ländern werden spinatartige Gerichte daraus zubereitet. Die Blätter gelten als äußerst gesund und lecker. Ein richtiges Allround-Superfood, diese Süßkartoffel.

SÜßKARTOFFEL-POMMES

WEM ÜBLICHE POMMES ZU LANGWEILIG SIND, DER SOLLTE MAL SÜßKARTOFFELPOMMES PROBIEREN. DIESE POMMESSORTE IST DIE ZWEITBELIEBTESTE BEILAGE ZUM BURGER. IHR SÜßLICHER GESCHMACK IST AUßERGEWÖHNLICH UND BIETET GESALZEN EINE KLEINE GESCHMACKSEXPLOSION. SÜßKARTOFFELPOMMES MÜSSEN BESONDERS SORGFÄLTIG ZUBEREITET WERDEN, DAMIT SIE NICHT WEICH UND LABBRIG WERDEN. BCG-USERIN INA GADIRI HAT UNSERER COMMUNITY IHR ULTIMATIVES REZEPT FÜR SÜßKARTOFFELPOMMES VERRATEN, DAS WIR DIR NICHT VORENTHALTEN MÖCHTEN.

DU BRAUCHST:

FÜR 2 PERSONEN:

2-3 große Süßkartoffeln

3 EL Speisestärke

3 EL Olivenöl

Salz und Pfeffer oder Gewürze nach Belieben
(Inas Tipp: Tomaten-Rosmarin-Salz von Optimahl)

fein gehackten Koriander

BCG-TIPP
Die fertigen Süßkartoffelpommes werden mit fein gehacktem Koriander bestreut. Dazu passt ein Sweet-Chili-Chicken-Burger.

1. Heize den Backofen vor auf 250 °C (Umluft-Grill) oder auf 220 °C (Ober-/Unterhitze).
2. Schäle die Süßkartoffeln und teile sie in 4-5 cm lange Spalten. Alternativ kannst du sie auch in 1 cm dicke Scheiben schneiden. Die Süßkartoffelstücke für 10 Min. im kalten Wasserbad ruhen lassen (nicht vorher heiß abwaschen – je mehr Stärke, desto knuspriger ist das Ergebnis). Anschließend sorgfältig mit Küchenkrepp abtupfen.
Inas Tipp: Vermenge die rohen Süßkartoffelspalten in einer Schüssel mit 3 EL Speisestärke. So werden die Pommes richtig knusprig.
3. Träufle nun Olivenöl oder ein anderes Öl deiner Wahl darüber und bestreue die Pommes mit Gewürzen, Salz und Pfeffer.
Warum vor dem Backen? Backofen-Süßkartoffelpommes werden nie so knusprig und stabil wie die üblichen Pommes, deswegen verbietet sich der Gewürze-Schleudergang in der Schüssel von selbst – die Süßkartoffelpommes würden dabei zu leicht brechen.
4. Verteile die gewürzten Pommes gleichmäßig auf einem mit Backpapier ausgelegten Blech und schiebe es bei rund 250 °C (Umluft-Grill) für ca. 25 Min. oder bei 220 °C (Ober-/Unterhitze) für ca. 30-35 Min. auf die mittlere Schiene des vorgeheizten Backofens.
5. Nach 20 bzw. 25 Min. stellst du das Backblech mit den fast fertigen Pommes eine Schiene höher im Ofen.
6. Die Backdauer variiert je nach Dicke der Stäbchen beziehungsweise Breite der Scheiben. Prüfe zwischendurch immer mal wieder, ob sie schon fertig sind.

BURGER-BEILAGEN 163

DIPS

VIELE DIPS LASSEN SICH AUF BASIS VON MAYONNAISE, CRÈME FRAÎCHE, SAUERRAHM ODER KETCHUP HERSTELLEN. WIR HABEN FÜR EUCH EINE KLEINE ÜBERSICHT AN VERSCHIEDENEN DIPS UND DEREN ZUTATEN ZUSAMMENGESTELLT UND VERRATEN EUCH ZU EINIGEN AUCH EINFACHE REZEPTE. BBQ, KETCHUP UND MAYONNAISE KANN SCHLIEẞLICH JEDER, VERSUCHT ES MAL MIT DIESEN DIPS:

BCG-ASIA-DIP

DU BRAUCHST:

1 Limette
200 ml kochendes Wasser
80 ml Mayonnaise (Rezept auf S.72)
2 Zitronengraszesten
1 Knoblauchzehe
2 Schalotten
2 EL helle Sojasoße
4 EL Ponzu-Soße
2 EL Teriyaki-Soße

1. Die Limette mit kochendem Wasser übergießen, damit sich der Saft einfacher auspressen lässt. Wälze sie nun auf einem Schneidebrett mit Druck hin und her. Schneide sie in zwei Hälften und presse den Saft mit einer Saftpresse in eine Schüssel.
2. Füge 80 ml Mayonnaise hinzu.
3. Schneide mit einem scharfen Messer die Zitronengraszesten in sehr kleine Stücke. Würfle auch die Knoblauchzehe und die Schalotten klein und gib alles in die Schüssel.
4. Füge 2 EL helle Sojasoße, 4 EL Ponzu-Soße und 2 EL Teriyaki-Soße hinzu.
5. Verrühre mit dem Schneebesen alle Zutaten zu einem cremigen Dip.

Ponzu-Soße ist eine typisch japanische Soße, die der Sojasoße geschmacklich ähnelt. Sie besteht aus Sojasoße, Mirin (süßer Reiswein), Zitronensaft und Dashi (Fischsud – in der japanischen Küche ähnlich wichtig wie Gemüse- oder Fleischbrühe für uns Europäer). Ponzu-Soße hat einen fruchtig-sauren Beigeschmack und wird in Japans Küchen oft für Salate, fettige Fleischgerichte und Eintöpfe verwendet.

BCG-WASABI-GUACAMOLE

DU BRAUCHST:

1 reife Avocado
1 Limette
200 ml kochendes Wasser
2 EL helle Sojasoße
3 EL Shiso-Soße
20 g Wasabi-Paste
80 ml Mayonnaise (Rezept auf S.72)
Salz und Pfeffer

1. Löffle die Avocado vollständig in eine Schüssel.
2. Die Limette mit kochendem Wasser übergießen. Wälze sie nun auf einem Schneidebrett mit Druck hin und her. Schneide sie in zwei Hälften und presse den Limettensaft mit einer Saftpresse in eine Schüssel.
3. Füge helle Sojasoße, Shiso-Soße, Wasabi-Paste und Mayonnaise hinzu.
4. Vermenge die Zutaten und gib sie in einen Topf oder Thermomixer.
5. Vermische alle Zutaten mit einem Handmixer ca. 5 Min. bei mittlerer Hitze. Mit dem Thermomixer wird das Ganze 5 Min. lang sautiert. Die Geschmacksaromen werden durch die Hitze stärker freigesetzt.
6. Abschließend schmeckst du die Guacamole mit Salz und Pfeffer ab.

BCG-TIPP

Wie reif die Avocado ist, erkennst du an ihrem Stielende. Entferne den Stielstummel – ist das Fruchtfleisch darunter gelb, dann ist sie perfekt. Ist es dunkelbraun, ist sie überreif und fast ungenießbar. Ist es grün, muss die Avocado nachreifen.

SOUR CREAM

DU BRAUCHST:

½ Becher (ca. 100 g) saure Sahne
½ Becher (ca. 100 g) Crème fraîche
1 Knoblauchzehe
1 Schalotte
1 Bund Frühlingszwiebeln
Prise Zucker
1 TL weißen Balsamico
Salz und Pfeffer

1. Gib die saure Sahne und die Crème fraîche in eine Schüssel.
2. Schneide die Knoblauchzehe, die Schalotte und die Frühlingszwiebeln sehr klein und gib sie dazu.
3. Füge Zucker und Balsamico hinzu und verrühre das Ganze mit einem Schneebesen.
4. Schmecke die Sour Cream mit Salz und Pfeffer ab.

BCG-TIPP
Eine Instant-Zwiebelsuppe verleiht der Sour Cream noch mehr Geschmack.

WEITERE BEILAGEN

GEGRILLTES GEMÜSE ODER DOCH LIEBER EINEN SALAT? NEBEN DER KLASSISCHEN BEILAGE FINDEN AUCH COLESLAW ODER SAURE GURKEN IHREN WEG AUF DEN BURGER-TELLER. EINE SAFTIGE GEWÜRZGURKE UND EIN GUTER BURGER BILDEN EINE VIELVERSPRECHENDE SYMBIOSE.

Eine weitere nicht untypische Sideorder oder Vorspeise zum Burger sind Chicken Wings. Es gibt unzählige Möglichkeiten, sie zuzubereiten. Ob paniert in Tempura oder wie bei den Zwiebelringen in Bierteig, in Barbecuesoße, in Teriyaki-Soße oder ganz klassisch nur mit Salz, Pfeffer und etwas Paprikagewürz – nur dein Geschmack entscheidet!

AUSGEFALLENE BEILAGEN

Heutzutage ist man in der eigenen Küche oder im Restaurant experimentierfreudiger. Das Stichwort lautet „Gemüsepommes", von uns auch „Sportler-Pommes" genannt. Unter Verwendung von Speisestärke lassen sich aus einigen härteren Gemüsesorten wie Möhren, Pastinaken, Steckrüben, Zucchini oder Blumenkohl ausgefallene Pommes zaubern. Ein Hingucker sind diese Pommes auf dem Teller neben einem Burger allemal und dazu noch eine leckere Alternative zu den allgegenwärtigen Standardpommes.

Die Burger-Läden haben längst erkannt, dass „nur" Pommes nicht mehr ausreichen. Je verrückter die Sideorder, desto neugieriger der hungrige Kunde. Der Fantasie sind so gut wie keine Grenzen gesetzt:

- Chili-Cheese Fries (mit einer Menge Chili con Carne und Käsesoße)
- Hauchdünne Pommes, auch Shoe Strings genannt
- Backofen-Kartoffel mit Quark
- Kimchi-Pommes mit Bulgogi (durch Milchsäuregärung

BCG-TIPP!

Support your locals! Wir Berliner kaufen beispielsweise Spreewälder Gurken. Auch du solltest dich nach guten Zutaten aus deiner Region umschauen. Das ist ökologisch sinnvoll – und du wirst auch noch mit tollem Geschmack belohnt!

zubereites koreanisches Gemüse mit mariniertem Rindfleisch)
- Dippers
- Kartoffelgitter
- Püree mit Trüffelsoße oder Trüffelöl
- Bratkartoffeln mit Speck
- Kroketten
- Spiralkartoffel am langen Holzstäbchen
- Kartoffelchips

**LASST ES EUCH
EINFACH SCHMECKEN –
WAS AUCH IMMER!**

BURGER-BEILAGEN

ONION RINGS

PANIERTE ZWIEBELRINGE WERDEN ALS SNACK, VORSPEISE ODER ALS BEILAGE ZUM BURGER SERVIERT. DABEI IST EINE GUTE PANADE DAS A UND O. SIE IST AUSSCHLAGGEBEND FÜR EINE KNUSPRIGE KRUSTE UND EINE HAUCHZARTE, WARME ZWIEBEL. DU WILLST PERFEKTE BIERTEIG-ZWIEBELRINGE HINBEKOMMEN?

DU BRAUCHST:

FÜR 2 PERSONEN:

50 ml Bier

1 Ei

50 g Mehl

1-2 EL Parmesan

2-3 große Zwiebeln

Frittieröl deiner Wahl

1. Vermenge Bier, Ei, Mehl und Parmesan zu einer dickflüssigen Masse.
2. Schneide die Zwiebeln in etwas dickere Scheiben und löse die einzelnen Ringe heraus.
3. Erhitze das Frittieröl auf 90 Grad.
4. Tauche die einzelnen Ringe in die Panade und backe sie anschließend im Topf oder in der Fritteuse aus, bis sie eine schöne goldbraune Farbe angenommen haben.

COLESLAW

DER COLESLAW, IM DEUTSCHEN EHER ALS FARMERSALAT ODER KRAUTSALAT BEKANNT, STAMMT AUS DEM ENGLISCHSPRACHIGEN RAUM. DER SALAT WIRD DORT OFT ZUM BARBECUE ODER MIT EINEM BURGER VERSPEIST.

DU BRAUCHST:

FÜR 2 PERSONEN:

½ (ca. 600 g) Kohlkopf

1 klein gehackte Karotte

¼ Zwiebel

25 ml Milch

25 ml Buttermilch

25 g Mayonnaise (Rezept auf S.72)

1 TL Weißweinessig

1 Schuss frischen Zitronensaft

25 g Zucker

Salz, Pfeffer

1. Schneide den Kohl fein und zerdrücke ihn mit dem Kartoffelstampfer, bis die Zellen knacken.
2. Lasse ihn über Nacht ungekühlt in der Küche stehen.
3. Drücke am nächsten Tag die Flüssigkeit noch einmal leicht aus.
4. Füge die klein gehackte Karotte und die fein gewürfelte Zwiebel hinzu.
5. Vermenge das Ganze mit Milch, Buttermilch, Mayonnaise, Essig, Zitronensaft, Zucker, Salz und Pfeffer.
6. Lasse den Salat vor dem Verzehr 2-3 Std. im Kühlschrank durchziehen.

DAS SIEBTE GEBOT
DU SOLLST NICHT STEHLEN. BESTELL NOCH 'NE RUNDE.

5. KAPITEL

DO IT YOURSELF

DO IT YOURSELF | 175

WERKZEUG-ÜBERSICHT

ZUM BURGER-MACHEN BENÖTIGT IHR NICHT VIEL.

Nur die folgenden Dinge sind obligatorisch:
- Fleischmesser
- Schneidebrett
- Wolf
- Pfannenheber

Die wahren Burger-Liebhaber schwören noch auf:
- Burger-Presse
- Fleischthermometer

FLEISCHMESSER

Ein scharfes Kochmesser ist das wichtigste Werkzeug jedes Kochs. Nicht ohne Grund heißt es auf Englisch „chef's knife" und auf Französisch „couteau du chef" – Messer des Küchenchefs eben. Könner wählen ihre Klinge mit Bedacht. Mit Leidenschaft diskutieren sie über Bauarten und Stahlqualitäten. Anfänger sollten das nicht als elitäre Fachsimpelei abtun, bevor sie ihre stumpfe Klinge nicht wenigstens einmal gegen eine wirklich scharfe Schneide eingetauscht haben.

Es muss kein spezielles Fleischmesser sein, ein gutes Allround-Küchenmesser reicht aus. Besonders scharf sind die Messer Böker Forge Chefmesser (ca. 70 Euro) und WMF Grand Class (ca. 90 Euro).

SCHNEIDEBRETT

Infrage kommen nur Schneidebretter aus Holz oder aus Kunststoff. Beide haben Vor- und Nachteile.

- KUNSTSTOFF: Ist spülmaschinengeeignet und somit leichter zu reinigen.
- HOLZ: Schont das Messer mehr und absorbiert die Feuchtigkeit des Fleischs. Muss aber per Hand gewaschen werden, kann Gerüche aufnehmen und sollte bei tiefen Kerben ausgetauscht werden.

Im Gegensatz zu einem verbreiteten Irrglauben sind Holzbretter hygienischer. Ein Keimtest ergab, dass Holzbretter weniger Keime aufnehmen als Kunststoffbretter – sogar nach einem Spülgang in der Spülmaschine. Das liegt an den Gerbsäuren im Holz, die von Natur aus antibakteriell wirken. Mit jedem Schnitt ins Holz treten sie erneut aus, sodass stets Gerbsäure an die Oberfläche tritt und Bakterien reduziert. Deshalb empfehlen wir eindeutig Holzbretter.

WOLF

Er ist notwendig, um Hackfleisch selbst herzustellen. Mehr dazu folgt im nächsten Abschnitt.

PFANNENHEBER

Er ist wichtig, um die Pattys beim Braten zu wenden. Benutze bitte keine Zange, da die Pattys damit leichter zerfallen!

- **BURGER-PRESSE:** Hilft dabei, gleichmäßige Pattys zu formen. Damit das Fleisch sich leichter löst, sollte sie eingefettet werden.
- **FLEISCHTHERMOMETER:** Damit kannst du den Garpunkt exakt bestimmen. Hackfleisch ist im Inneren bei circa 65 °C medium, bei 75 °C durch.

DAS ACHTE GEBOT

ÄUßERE NUR DIE WAHRHEIT ÜBER DEINEN BURGER. DAVON LEBT UND STIRBT EIN BURGER-TEMPEL. HAST DU KRITIK, SO TRAGE SIE AN DEN HERREN DES TEMPELS WEITER. SO WEIß ER ES BESSER FÜR DEN NÄCHSTEN BURGER-FREUND.

DAS FUNKTIONSPRINZIP DES WOLFS IST RELATIV SIMPEL. ÜBER EINEN VERTIKALEN TRICHTER GELANGEN ZU ZERKLEINERNDE LEBENSMITTEL (IN UNSEREM FALL FLEISCH), DIE DURCH EINE GERIFFELTE FÖRDERSCHNECKE VERMENGT UND GEQUETSCHT WERDEN, IN EINE KAMMER.

Die Masse trifft dann auf ein Schneidemesser und wird durch Öffnungen gepresst, sodass der Inhalt am Ende in der allseits bekannten Hackfleischform austritt. Wölfe gibt es in verschiedenen Größen, Formen und Arten. Die ersten Fleischwölfe waren zum Festklemmen an der Tischkante gedacht. Der Benutzer musste die Förderschnecke mit einer manuellen Kurbel selbst antreiben. Auch heute gibt es noch handbetriebene Fleischwölfe – sie sind gewissermaßen die Low-Budget-Variante. Für den Heimgebrauch gibt es mittlerweile auch leistungsstarke Automatikwölfe mit Elektromotor. Und im Gastrobereich kommen Profigeräte zum Einsatz, die nicht nur größer und leistungsstärker, sondern auch mit mehreren Messerscheiben ausgestattet sind. Damit kann man selbst große, unzerkleinerte Fleischstücke schnell und sauber verarbeiten.

MENSCH VS. MASCHINE

Für den Heimgebrauch legen wir dir den Kauf eines elektrischen Fleischwolfs sehr ans Herz. Es ist ziemlich anstrengend, große Mengen Fleisch mit der Hand zu wolfen. Außerdem dauert es ewig, wenn man nicht gerade ausdauernde und kräftige Oberarme hat. Achtet auf eine ordentliche Wattzahl – alles um die 2.000 Watt macht Spaß. Darunter treten öfter Probleme bei sehnigem Fleisch auf: Der Wolf schafft es nicht, die Sehnen zu durchtrennen, sodass sie sich um das Messer legen und den Wolf verstopfen. Das Gleiche geschieht oft bei manuellen Wölfen. Da kann schnell Frust aufkommen. Unsere Empfehlung: Bosch MFW68660 Pro Power (ca. 150 Euro). Es geht aber auch günstiger.

WARUM SELBST WOLFEN?

Hackfleisch ist durch seine Oberflächenbeschaffenheit extrem empfindlich. Die faserige Struktur ist ein wahres Paradies für Keime und sorgt für die kurze Haltbarkeitszeit. Trotz aller hygienischen Standards wissen wir trotzdem nicht, ob abgepacktes Hackfleisch auch sauber verarbeitet worden ist – im Gegensatz zur Eigenproduktion. Profis empfehlen sogar, Hackfleisch nur medium zu essen, wenn man es selbst hergestellt hat. Außerdem lässt sich das ideale Mischungsverhältnis aus Fleisch und Fett so besser bestimmen.

RIND GEWINNT

Beim Wolfen stellt sich zunächst die Frage, welches Fleisch verwendet werden soll. Reines Rindfleisch eignet sich für ein Standard-Beef-Patty am besten. Dabei sollte das Fleisch einen Fettgehalt von etwa 20 bis 25 Prozent haben. Dieser Fettanteil sorgt für einen hohen Gehalt an ungesättigten Fettsäuren, die beim Grillen beziehungsweise Braten erst bei einer Patty-Innentemperatur von circa 60 °C freigesetzt werden. Dadurch bleibt das Hackfleisch herrlich saftig und trieft dennoch nicht vor Fett. Durch das Wolfen vergrößert sich die Oberfläche des Fleischs nämlich deutlich. Die Folge: Das in den Zellen gespeicherte Wasser fließt schneller hinaus und das Fleisch kann schnell zu trocken werden.

DIE MISCHUNG MACHT'S

Man sollte es tunlichst unterlassen, abgepacktes gemischtes Hackfleisch für die Pattys zu verwenden. Wer auf diese gruselige Idee kommt, hat den besten Burger der Welt einfach nicht verdient. Gemischtes Hack hat nämlich einen zu hohen Fettanteil, der bei circa 35 Prozent liegt. Das liegt am fetten Schweinefleisch, das zum Großteil in das Hackfleisch gemischt wird.

Oft stößt man in Internetforen auf den Tipp, dass ein grobfaseriges Rinderstück aus Hals oder Nacken sich gut zum Wolfen von Burger-Pattys eignen würde. Das stimmt aber nicht: Diese Teile des Rindes haben einen Fettgehalt von circa acht Prozent und sind damit deutlich zu mager für ein gutes Patty.

Teures und edles Rinderfilet zu verwenden bedeutet, Perlen vor die Säue (oder in diesem Fall Rinder) zu werfen. Denn auch Filet hat einen viel zu geringen Fettanteil. Am besten eignet sich Rinderbrust oder auch das teurere Entrecôte, da beide einen Fettanteil von circa 20 bis 25 Prozent besitzen.

Wer möchte, kann natürlich dennoch ein Rinderstück aus Hals oder Nacken verwenden, sollte dann aber auf jeden Fall ein bisschen fettigeres

Fleisch untermengen, bis das Verhältnis von Fleisch zu Fett bei 3:1 liegt. Alternativ eignet sich auch fetter Schweineräucherspeck.

Auf molekularer Ebene verhält es sich folgendermaßen: Das Eiweiß verbindet sich mit dem Fett und den im Fleisch vorhandenen Zuckermolekülen an der Fleischoberfläche. Das sorgt für die aromatische Kruste, die das Austreten des Saftes stoppt – vorausgesetzt, man brät oder grillt das Patty scharf an.

ZUM DURCHDREHEN

Nun geht es an das Wolfen selbst. Dafür schneidet man das gut gekühlte Fleisch vor dem Wolfen in gulaschgroße Stücke. Je kleiner die Stücke, desto leichter für den Wolf. Benutze eine Lochscheibe mit mittelgroßen Löchern von circa 5-6 mm Durchmesser. So wird das Hack schön grob. Das durchgewolfte Fleisch mit der Hand etwas vermischen und noch einmal durch den Wolf drehen. Dabei kannst du nach Belieben auch eine Lochscheibe mit kleineren Löchern verwenden – oder die bereits benutzte. Nach dem zweiten Durchgang hat sich das Fleisch mit dem Fett perfekt vermischt – auch Sehnen, Knorpel oder andere Störfaktoren sind eliminiert.

Das Hack musst du dann circa eine Minute lang kneten und zu Pattys formen. Voilà – selbst durchgedrehte, feinste Burger-Pattys.

DER FINALE SCHRITT DER BURGER-ZUBEREITUNG IST DAS BRATEN BEZIEHUNGSWEISE GRILLEN DES FLEISCHS.

Dazu sind die richtigen Geräte erforderlich – bei den meisten wird es die Pfanne sein, bei manchen der Grill, je nach Ausstattung und Jahreszeit. Wir werden uns zunächst der idealen Pfanne, danach den Grillarten widmen. Tipps zum Anbraten findet ihr oben ab Seite 51.

Wenn es um das schnelle Anbraten von Gemüse und Co geht, reicht oftmals der Griff zum Wok oder zur Schmorpfanne. Fleisch hat aber spezielle Bedürfnisse. Es muss kurz scharf angebraten werden, also mit hoher Hitze von beiden Seiten, und danach auf niedrigerer Stufe bis zum gewünschten Garpunkt weiterbrutzeln. Diese Herausforderung bewältigt eine *Eisenpfanne* am besten. Aber auch hier gilt: Eisenpfanne ist nicht gleich Eisenpfanne. Die handelsüblichen Eisenpfannen für den schmalen Taler sind für den Gelegenheitskoch geschmiedet und reichen oftmals auch aus. Burger-Liebhaber, die auf der Suche nach dem perfekt gebratenen Fleisch sind, werden damit allerdings nicht wirklich glücklich. Es kann des Öfteren passieren, dass die Hitzeverteilung der günstigen Alltagsvariante ungleich ist. Wer kennt es nicht – in der Mitte ist die Hälfte schon verbrannt, während das Fett im Randbereich der Pfanne noch nicht wirklich heiß geworden ist. Auch Grillpfannen bieten – trotz der schönen Grillmuster – oft nicht die gewünschte Qualität. Bei Pfannen, die aus mehreren Materialien bestehen, sind Verformungen meistens vorprogrammiert. Die Pfannen dehnen sich gerne aus und ziehen sich genauso gerne auch zusammen. Also: Finger weg! Auch die für ihre Leichtigkeit gepriesene Aluminiumpfanne ist keine Alternative, obwohl sie nur aus einem Material besteht. Ihre Wärmespeicherungseigenschaften sind nämlich wesentlich schlechter als die von Eisenpfannen. Das Fazit lautet also: Für perfekt angebratenes Fleisch sollte man die klassische Gusseisenpfanne verwenden. Denn Eisen schmilzt erst bei etwa 1.500 °C und behält so in der Küche beharrlich seine Form.

QUALITÄT SETZT SICH DURCH

Achte beim Pfannenkauf also unbedingt darauf, dass keine unterschiedlichen Materialien verarbeitet wurden und dass keine Schweißnähte zu entdecken sind. Zwar scheint uns der Preis für ein solches

Gerät in den Ruin zu treiben – insbesondere im Vergleich mit Otto-Normal-Pfannen –, die Investition lohnt sich aber. Aufgrund ihrer Lebensdauer können Gusseisenpfannen von Generation zu Generation weitergereicht werden. Ihre Kocheigenschaften verbessern sich sogar mit jeder Benutzung. Besonders zu empfehlen sind Pfannen, die einen Griff aus Holz haben, da sich Holz sehr langsam erwärmt.

Es ist sinnvoll, das gute Stück vor dem ersten Braten ordentlich „einzubrennen" und so von Ruß- und Schmutzpartikeln zu befreien. Dafür bringt man hitzebeständiges Öl in der Pfanne zum Rauchen und reinigt die Pfanne anschließend gründlich mit Wasser. Generell ist die Pflege von Gusseisenpfannen etwas aufwendig – sie dürfen nur mit Wasser und trockenem Küchenkrepp ausgewaschen werden. Fettlösende Mittel, Metallschwämme oder gar die Spülmaschine scheiden als Helfer gegen eingetrocknetes Fett aus. Das heißt: Viel Muskelkraft und Geduld sind beim Abschrubben der Fettreste gefragt. Doch wenn der Burger-Freund die Pfanne direkt nach dem Braten auswäscht, lässt sich dieser Aufwand minimieren. Und wem das alles zu viel ist, der kann eine beschichtete Gusseisenpfanne kaufen.

Manchmal sind geschmiedete Eisenpfannen mit Korrosionsschutz versehen. Hier sollte man trotz gegenteiliger Herstellerangaben, die das Abwaschen mit Spülmittel für ausreichend befinden, ein Einbrennen mit Salz und Öl vornehmen und fortan die Pfanne ebenfalls nur mit Wasser und Küchenkrepp reinigen. Denn nach dem Einbrennen sind die kleinen Poren im Eisen verschlossen. Das verhindert das Anbrennen und die Pfanne gibt so mit größtmöglicher Oberfläche Röstaromen an das Fleisch ab.

1, 2 ODER 3?

Es gibt drei Grilltypen: Elektro-, Gas- und Holzkohlegrills. Das beste Aroma erzielt ihr zweifelsfrei mit Holzkohle. Verschiedene Gimmicks wie Räucherchips, die mit Aluschalen auch bei Gas- oder Elektrogrills eingesetzt werden können, aromatisieren den Rauch, was dem Fleisch eine besondere Würze verleiht. Wichtig: ein Grill mit Deckel, denn damit könnt ihr den Rauch um das Fleisch konzentrieren und es schneller und sanfter garen. Burger und Steaks sind so im Schnitt sieben Minuten früher fertig und schmecken saftiger. Die Wahl des Grills ist im Gegensatz zur Pfanne weniger wichtig. Technische Details machen hier den Unterschied. Elektrogrills brauchen wenige Minuten, bis sie heiß genug sind, Gasgrills sind in 10 bis 15 Minuten bereit und Holzkohlegrills brauchen mit 20 bis 40 Minuten am längsten. Die richtige Temperatur könnt ihr auch ohne Thermometer herausfinden: Lasst eine Hand etwas über der Grillfläche schweben – wenn ihr sie nach zwei Sekunden wegen der Hitze wegziehen müsst, ist die Temperatur perfekt. Früher wegziehen bedeutet: zu heiß, später: zu kalt. Achtet außerdem auf eine gleichmäßige Hitzeverteilung. Trotz verschiedener Preise und Marketingversprechen unterscheiden sich die Grills eher hinsichtlich der Funktionen und der Optik als in puncto Grilleigenschaften. Ihr könnt beherzt zu einem günstigen Gerät greifen, wenn es nur um Burger geht.

IT GETS THE JOB DONE.

PROMIS

VERRATEN IHRE BURGERLICHEN VORLIEBEN

© Boris Breuer

DANIELA KATZENBERGER
TV-PERSÖNLICHKEIT

Die besten Burger sind die, die man erst einmal zusammendrücken muss, damit man sie überhaupt in den Mund bekommt. Schön saftig und mit viel Fleisch :-) Um die letzen Schwangerschaftspfunde loszuwerden sollte ich zwar auf das Brot verzichten, aber am „Fresstag" ist das natürlich erlaubt. Die besten Burger gibt es übrigens bei meiner Mama Iris in der Pfalz. Selbst gemacht und mit ganz viel Liebe :-)

JAY KHAN
SÄNGER

Ich esse meinen Burger am liebsten bei Shiso Burger in Berlin. Auf meinem Burger dürfen Blue Cheese, Zwiebeln und Hot Sauce nicht fehlen.

MARIELLA AHRENS
SCHAUSPIELERIN

Ich habe keinen Lieblingsladen. Ich mag ein dickes, medium gegrilltes Hacksteak, leicht scharf, Salat, Tomate, viel Käse und am liebsten ein nicht so weiches Brötchen dazu.

VINCENT KRÜGER
SCHAUSPIELER

Ich gehe gerne zum West Burger in Berlin-Wilmersdorf – und esse ihn ganz speziell, und zwar nur mit Brot und Fleisch. ;-)

MARCEL NDJENG
FUSSBALLER

Ich habe bei manchen Berliner Burgereien gegessen. Unter anderem bei Hasir Burger, Burgermeister, Hans im Glück, im NU den Thai-burger, im Jim Block et cetera. Es sind alles geschmackvolle Burger, doch irgendwie schlecke ich mir immer noch am meisten die Finger nach dem WindBurger! Ich werde aber zu jedem einzelnen wieder hingehen und das Geschmackserlebnis erneut testen. Darüber hinaus möchte ich noch weitere kennenlernen. Auf meinem Burger darf auf keinen Fall Käse fehlen, meist kommt noch eine zweite Partie obendrauf, und er darf gern scharf sein. Als klassische Beilage müssen es alle Arten von frittierten Kartoffeln sein.

FIONA ERDMANN
MODEL UND SCHAUSPIELERIN

Für Freunde der asiatischen Küche empfehle ich Shiso Burger in Berlin-Mitte. Für klassische oder ausgefallene Burger gehe ich zu Berlinburger International in Berlin-Neukölln. Eine richtig gute, auf die anderen Zutaten abgestimmte, selbst gemachte Soße darf auf meinem Burger nicht fehlen.

SVEN OSWALD
JOURNALIST UND MODERATOR

Schon viele Jahre bin ich Kunde im WindBack und war sehr gespannt auf das neueste Projekt: WindBurger – gute Burger im Herzen von Charlottenburg. Hier esse ich seitdem regelmäßig meinen Burger. Frische Zutaten, nettes Team, gute Preise. Mein Lieblings-Burger im Moment: der London-Burger mit Käse. Neben dem üblichen Salatzeug gibt es hier Bacon und ein Spiegelei. Profi-Tipp: Diesen Burger lieber mit Messer und Gabel essen, sonst gibt es schnell mal Ei ans Revers!

SAMUEL SOHEBI
STAR-STYLIST

Mein Lieblings-Burger-Laden: Holy Burger in München. Was nicht fehlen darf: Jalapeños – die peppen jeden Burger auf!

© Marcus Altermann

MICAELA SCHÄFER
EROTIKMODEL

Am liebsten esse ich meinen Burger bei Burgerium in Friedrichshain. Ich wohne direkt um die Ecke und die Burger werden dort frisch zubereitet und nach Wunsch belegt. Ich habe immer wenig Zeit und schaffe es nicht zu kochen, und ich liebe Fast Food. Bei frisch zubereiteten Burgern habe ich nicht so ein schlechtes Gewissen wie bei Burgern vom Fließband. Es muss auf jeden Fall richtiges Fleisch drauf sowie geschmolzener Käse, eine deftige Soße und Gurken. Es muss schon etwas fettig sein und beim Essen muss man alles um sich herum vergessen … und danach hat man natürlich ein schlechtes Gewissen, weil man zu viel gegessen hat – aber ein Burger ist das wert.

MATTHIAS KILLING
MODERATOR

Meinen Lieblings-Burger esse ich bei Schiller Burger in Berlin-Neukölln – nachdem ich die Jungs mal bei uns in der Sendung kennengelernt habe, bin ich auf den Geschmack gekommen. Auf meinen Burger MUSS drauf: Käse, ohne den geht es nicht, Gurke – nehmen viele raus, ich muss die immer dabeihaben – und viel Soße. Ich liebe es, wenn es schön matscht.

© Marcus Altermann

FLEUR GEORGINA BÜLOWIUS
IT-GIRL

Am liebsten esse ich Burger vom Roomservice. Das Fleisch muss schön saftig und lecker gegrillt sein.

© Enrico Verworner

LARA-ISABELLE RENTINCK
SCHAUSPIELERIN

Ein Burger muss für mich richtig saftig und groß sein, sodass man einmal oben draufhauen muss, damit man reinbeißen kann. Burger mit Besteck essen geht gar nicht. Schön in die Hände nehmen, bis alles rausquillt. Die Essmanieren darf man da schon mal vergessen. Hängt ja eh alles im Gesicht. Am liebsten esse ich den Burger von BBI in Berlin-Neukölln. Ich mag Burger mit Käse. Viiiiiel Käse. Und wenn sie kleine, leckere Toppings wie Bacon haben, bin ich eine glückliche Burger-Kundin.

DAS NEUNTE GEBOT
BEKEHRE EINEN VEGETARIER ODER VEGANER NIE ZUM FLEISCHKONSUM. AM ENDE HAST DU WENIGER AUF DEINEM BURGER.

DEUTSCHLANDS 20 BESTE BURGER-LÄDEN

DEUTSCHLANDS 20 BESTE BURGER-LÄDEN | 195

BASEBURGER
ALTER MARKT 1,
44866 BOCHUM

BCG-Mitglied Vilriana G.: *Ich liebe BASEBURGER, weil, egal was man da isst, es geil schmeckt! Jeden Monat merke ich das aufs Neue mit dem wechselnden Monats-Burger!*

BEEF & BURGER
VIKTORIASTRAßE 59,
44787 BOCHUM

BCG-Mitglied Jannis K.: *Das Burger-Brötchen ist selbst gemacht, ebenso die Soßen und Dips. Nettes Ambiente, alle Tische belegt und ein sehr netter Service. Wer Burger liebt, muss definitiv einmal hin. Grüner gebratener Spargel ist ein kleines Highlight als Side zum Burger.*

BISTRO LA GALERIA
KAPELLENSTRAßE 4,
65555 LIMBURG AN DER LAHN

BCG-Mitglied Carsten H.: *Sehr innovativ, immer top Qualität und nie weniger als saulecker. Die verstehen ihr Handwerk!*

BULLYS BURGER
AM WEINGARTEN 12,
60487 FRANKFURT AM MAIN

BCG-Mitglied Laura M.: *Alles außer gewöhnlich! Die Jungs haben hier immer tolle Kreationen am Start. Drei verschiedene Bun-Sorten für jeden Geschmack. Coleslaw und Corn Fries als Side sind SEHR zu empfehlen.*

BURGER AG
ERICH-OLLENHAUER-STRAßE 106, 65199 WIESBADEN

BCG-Mitglied Thorsten G.: *Super gebratenes Fleisch und qualitativ hervorragend. Hier gibt es selbst gemachte Pommes und Soßen. Besuch lohnt sich auf jeden Fall. Von mir gibt es die volle Punktzahl!*

BURGERAMT
KROSSENER STRAßE 21-22, 10245 BERLIN

BCG-Mitglied Philipp B.: *Ich durfte in den Genuss eines Gorgonzola „Expendable" Burger mit pürierten Preiselbeeren, gehackten Walnüssen, frischen Zwiebeln, holländischer Frietsaus, Rucola, Eisbergsalat und Tomate kommen. Fazit: volle Punktzahl! Optik, Haptik, Geschmack, Ambiente (szeniger Kiez) und Service (zurückhaltend aufmerksam) haben gepasst – wir kommen wieder!*

BURGERART
ALBRECHTSTRAßE 131, 12165 BERLIN

BCG-Mitglied Djamel N.: *Picasso-Burger (klassischer Cheeseburger) in medium: Dieser Burger sowie das Fleisch waren äußerst gelungen. Das Fleisch, möchte ich noch mal betonen, war wirklich gut. Brot und Zutaten waren vernünftig. Als Beilage gab es die Süßkartoffelpommes mit Ketchup und Mayo. Diese waren knusprig und gut gesalzen. In jedem Fall einen Besuch wert bei dem guten Wetter, um draußen sitzen zu können.*

© Luka Jubicic

BURGER CHALET
NIEMENSSTRAßE 9, 79098 FREIBURG IM BREISGAU

BCG-Mitglied Marvin A.: *Am Anfang erscheint der Preis etwas hoch, aber für das, was man bekommt, ist es vollkommen in Ordnung. Hier versteht man, was „Garstufe" bedeutet! Immer wieder sehr gut!*

BURGER HOUSE
RABLSTRASSE 37, 81669 MÜNCHEN

BCG-Mitglied Jannis K.: *Bin durch meine USA-Reise sehr verwöhnt, was Burger angeht – hier sind die Burger aber 1A. Kann ich guten Gewissens empfehlen. Jumbo-Burger unbedingt ausprobieren!*

BURGER MARIE
HAUPTSTRASSE 111, 77652 OFFENBURG

BCG-Mitglied Simon D.: *Hier gibt es die besten Burger weit und breit. Top Brot, top Fleisch und top Beilagen. Preis-Leistungs-Verhältnis ist mehr als gut.*

DULF'S BURGER
HIMMELSTRASSE 45, 22299 HAMBURG

BCG-Mitglied Anni P.: *Was soll ich sagen: Der Burger kriegt 10/10. Bin aus dem Schwärmen nicht rausgekommen. Fries und selbst gemachte Saucen einfach „delicious". Und die Jungs, die den Laden betreiben, sind einfach super nett und aufmerksam.*

LILY BURGER „BEEF&VEGAN GRILL-CLUB"
URBANSTRASSE 70, 10967 BERLIN

BCG-Mitglied Daniel H.: *Die Location ist klassischer Kiez-Look. Bierbänke, Bierkisten. Man fühlt sich wie bei Freunden. Dafür schon mal 10 von 10 Punkten. Die Karte ist überdimensional. Überragend ... mehr kann ich eigentlich nicht sagen. Das Fleisch medium wie gewünscht, der Geschmack so gut, dass er unbeschreiblich ist. Die angesprochene Qualität schmeckt man einfach. Punkt.*

OTTO'S BURGER
GRINDELHOF 33, 20146 HAMBURG

BCG-Mitglied Michael W.: *Ich hatte nicht viel Zeit und daher die Frage an den freundlichen Bräter: "Wie lange dauert so ein Burger und geht der auch auf die Hand?" Er: "Klar, kommt drauf an, ob durch, medium oder rare!?" Whuahuahua, MADE MY DAY! Ich also nen Cheese medium-rare bestellt und wohl den besten Burger erhalten, den ich je gegessen habe! 10/10*

© Pieter Pan Ruprecht

SHISO BURGER
AUGUSTSTRAßE 29C, 10119 BERLIN

Romy W., BCG-Guide für Baden-Württemberg und Bloggerin bei rawrbrgr.com: *Auf jeden Fall einen Besuch wert, vor allem für alle, die asiatisches Essen mögen und gerne neue Soßen oder auch mal Fisch auf ihrem Burger haben möchten. Superlecker sind außerdem die Süßkartoffelpommes! Knuspriger geht eigentlich nicht! Aber wirklich gut sahen auch die Twisted Potatoes aus!*

THE BURGER REPUBLIC
MARIENSTRAßE 22, 70178 STUTTGART

BCG-Mitglied Jana Ö.: *Ich liebe scharfe Burger und der Scharfe Burger hier ist wirklich ganz schön scharf. Alles in allem liebe ich es, hier zu essen. Die Location ist sehr lustig!*

THE PUB – MÖPSE TRINKEN BIER
ROCHSTRAßE 14, 10178 BERLIN

BCG-Mitglied Karina Sch.: *Wir waren allesamt total begeistert. Tolles Fleisch, ein richtiger Schmaus: 4,5/5. Die Pommes waren sensationell: 5/5. Außerdem muss man mal den Laden loben. Ziemlich kreativ und witzig, super Details. Möpse-Fans werden hier ihre Erfüllung finden. Außerdem kann man hier über Tablets am Tisch bestellen und sich sein eigenes Bier direkt am Tisch zapfen – richtig hightech. Für alle Burger-Liebhaber ein Must. PS: Der Schokokuchen muss auch probiert werden.*

TOFINO BURGERBUDE
WITTERINGSTRAßE 99, 45130 ESSEN

BCG-Mitglied Sarah J.: *Großartige Burger gibt es hier! Man merkt, die Küche arbeitet mit ganz, ganz viel Liebe. Unbedingt die Chili-Cheese-Fritten probieren.*

TRIPLE B – BEEF BURGER BROTHERS
BOTTWARTSTRAßE 1, 70435 STUTTGART

BCG-Mitglied Sebastian K.: *M E G A! Mehr braucht man eigentlich nicht zu schreiben. Die sind schlicht sensationell, insbesondere unter Berücksichtigung des Preis-Leistungs-Verhältnisses. Meine Wahl fiel auf den „Triple B Spezial" (u.a. mit Rucola, hauseigener Sauce, Parmesan) und der schmeckte dermaßen gut, dass anschließend ein Cheeseburger verdrückt wurde.*

WAIKIKI BURGER
DORTUSTRAßE 62, 14467 POTSDAM

BCG-Mitglied Ralf K.: *Hier gibt es ein paar exotische Kreationen, die man auf jeden Fall mal probieren muss! Und die Location ist großes Kino! Fast wie ein bisschen Urlaub im Herzen und im Magen!*

WHAT'S BEEF
IMMERMANNSTRAßE 24, 40210 DÜSSELDORF

BCG-Mitglied Christoph R.: *Ein Traum: „Wagyu Gruyere Avocado"-Burger und Bacon, dazu homemade Limo: 9/10 Punkten. Nur 9, weil man nur Cash zahlen konnte. Um es mit den Worten meiner Freundin zu sagen: „Der geilste Burger überhaupt, eine absolute Geschmacksexplosion."*

DAS ZEHNTE GEBOT
BEACHTE ALLE ZEHN GEBOTE UND DU WIRST GEACHTET. VON DER BURGER-CITY-GUIDE-COMMUNITY.

MITWIRKENDE UND DANK-SAGUNGEN

WIR DANKEN IN ERSTER LINIE UNSERER GROSSARTIGEN COMMUNITY,

die unsere Leidenschaft mit uns teilt, Leben in die Gruppe bringt und so heftige Grundsatzdiskussionen rund um den Burger lostritt, wie es sie sonst nur am politischen Stammtisch gibt. Euch widmen wie dieses Buch.

Ein Riesendankeschön geht an unsere Supporter, die uns mit den besten Waren rund um Burger versorgen: Danke an Tims Kanadische Backwaren, vor allem an Dennis Längle, für die tolle Zusammenarbeit und die unglaublich leckeren Buns, die ihr macht.

Auch an die Salomon AG und deren Chef Dennis Salomon gehen Dankesgrüße raus. Danke für das bombastische Fleisch, mit dem du unsere Gaumen immer wieder verwöhnst. Wir küssen deine Augen.

Ein besonderes Dankeschön an The Pub Berlin – Möpse trinken Bier – und deren Chefkoch Stephan Koch für das Bereitstellen der Shooting-Location und das kunstvolle Zubereiten der Rezepte.

Herzlichen Dank auch an Juri Krokha, der uns stets in den Hintern getreten hat, wenn die Inspiration alle war.

Zu guter Letzt danken wir Roshanak Masarrat für ihre Unterstützung und das viele Korrekturlesen. Ohne dich wäre das Buch nur halb so fehlerfrei.

BILDNACHWEISE

Alle Fotos stammen von

EMIL LEVY Z. SCHRAMM, außer:

Privat: S. 11 (Reiner Calmund), S. 189-192 (Promis), S. 196-200 (Burger-Läden)

Getty Images: S. 22, S. 28

iStock: S. 23, oben; S. 25, unten; S. 26; S. 29; S. 30

Wikipedia: S. 23, unten; S. 35

Copyright erloschen: S. 24; S. 25, oben

Thinkstock: S. 34

BILDNACHWEISE 205

REZEPT-REGISTER

B
Bacon-Bomber-Burger 98
Bao-Bun 63
Barbecuesoße 74
BCG-Asia-Dip 165
BCG-Wasabi-Guacamole 166
Breakfast-Burger 108
Brioche-Bun 65
Burger-Bun, Das perfekte 61

C
Cheesy Cheeseburger 96
Chicken-Burger 100
Chili-Burger 116
Chili-Cheese-Soße 80
Classic Hamburger 94
Coleslaw 172
Curly Fries 159

F
French Burger 126

G
Good-Morning-Wasabi-Burger 112
Guacamole 75

H
Honig-Senf-Soße 87
Hot-Habanero-Burger 106

K
Kartoffelrösti-Burger 134
Ketchup 72

L
Low-Carb-Bun 66

M
Mango-Chutney 77
Marinara-Soße 87
Mayonnaise 72

N
Nice Duck Fries 158

O
Onion Rings 171

P
Pesto 76
Pommes, Normale 157
Pork-Belly-Burger 114
Potato Rolls 67
Provolone-Burger 122
Pulled-Pork-Burger 102

R
Rotwein-Schalotten-Buttersoße 79
Royal-Britain-Burger 138

S
Senf 73
Sour Cream 167
Spargel-Burger 128
Surf'n'Turf-Burger 140